Sarkologies

Michel Maffesoli

Sarkologies

Pourquoi tant de haine(s) ?

Albin Michel

Pour Alexandre Wickham,
mon éditeur, en divergent accord

« Ne croyez pas que je sois prophète, je suis tout simplement un homme qui tire les conséquences naturelles des faits qu'il voit. »

Joseph de Maistre

Préambule

Pourquoi tant de haine ? Tant d'hystérie ? Pourquoi ses détracteurs, au lieu d'opposer aux discours du président Sarkozy, à ses actes de gouvernement, leur propre programme, au moins une évaluation raisonnée du sien, en reviennent-ils toujours aux attaques *ad hominem*, aux injures, aux supputations sur son état amoureux, sa santé mentale, son caractère ? Ce qui en fait, du coup, un héros de roman, un être de fiction.

Il y a de nombreuses raisons à cela. Ou plutôt, un ensemble de variations autour d'une raison principale que je dirai plus loin.

Mais dès l'abord, rappelons qu'au plus près de son étymologie, l'hystérie est cela même qui renvoie au ventre, qui le suscite et qui l'agite. Amusant ? Instructif en tout cas, de voir que ceux qui vont l'accuser des pires turpitudes, dont celle d'être un perpétuel agité, un gesticulateur, succombent à un travers identique : leurs analyses reposant moins sur la raison que sur l'émotion. En cela, le sachant ou pas, ils sont bien de ce temps qui voit l'émotionnel, telle une lame de fond, emporter tout et tous sur son passage. Sarkozy joue à l'évidence sur un tel registre. C'est son génie, et il en joue avec talent. Mais ses imprécateurs pas moins, qui, tel le chœur de la tragédie grecque, lui donnent la réplique sur un registre identique. Sinon que dans le premier cas, le jeu est assumé, que dans le second il reste inconscient.

On peut donner une première et provisoire explication à la hargne que le président déclenche : il représente, d'une manière caricaturale, ce dont on a peur, mais dont on pressent qu'inéluctablement, « ça arrive ». Avec ce XXIe siècle commençant, un cycle s'achève et avec lui les valeurs, les certitudes ayant marqué la modernité. Toute cette culture, sucée avec le lait maternel, celui d'une République une et indivisible, peu à peu s'estompe. D'où un effroi diffus engendrant une panique, elle bien précise, que l'on va projeter sur celui qui, sans honte excessive, annonce qu'il va assumer un changement jugé nécessaire. On craint moins Sarkozy « en soi » que comme symbole du monde qui rattrape la France et l'oblige dans la douleur à évoluer. Il est une bonne autobiographie du moment.

Pour bien saisir le processus en cours, on peut faire une comparaison chimique. Il y a en suspension tant de craintes que le plus petit discours, considéré comme inapproprié, une action que l'on va juger déplacée, l'un ou l'autre perpétré par un homme dont on a dit la nature désinvolte, fait cristalliser une solution saturée de peur. Il n'est pas nécessaire d'être grand clerc pour savoir que, toujours, c'est son exacerbation qui déclenche la haine. Mais il n'est pas certain, nous le verrons, qu'une telle passion soit partagée par tous.

En tout cas, il est essentiel, dans une telle démarche, de procéder avec le plus de sérénité possible. En la matière, de savoir distinguer, chez qui que ce soit, ce qui sépare sa réputation de la vérité. À l'image d'une sociologie cherchant à repérer la logique à l'œuvre dans la vie sociale, d'une psychologie débusquant celle en jeu dans les méandres de la psychè, une « Sarkologie » se doit de repérer ce qui agit en lui. Sa raison interne, dont l'intéressé n'est pas forcément conscient ; ce qui est non connu, de lui et des autres, et qui, comme tel, mérite d'être connu. La logique agissante, parfois à son corps défendant, dans le dit et le fait du personnage. En bref, mettre entre parenthèses théories (et convictions). Présenter et laisser parler les faits, repérer leurs secrètes connexions.

Mais pour saisir cette logique interne, il ne faut pas avoir peur d'échapper aux simples spéculations de la raison raisonnante. Rationalisme qui, très souvent, va à rebours du bon sens et de la droite raison. Le débat n'est pas académique. On le sait depuis Pascal : « Le cœur a ses raisons que la raison... » Et cela est d'actualité quand on sait comme les affects jouent un rôle de plus en plus important dans la vie sociale, et désormais aussi dans la vie politique. Même si l'élection a toujours mis en mouvement des forces obscures. Il suffit, à cet égard, d'entendre dire, de plus en plus, concernant l'irruption sur la scène publique de tel ou tel personnage : « ça » relève de l'irrationnel.

C'est bien ce qui a constitué l'élément essentiel du succès de Sarkozy. À dire vrai, c'est moins de l'irrationnel dont il est question que d'un « non-rationnel » ayant sa logique spécifique, faisant au passage sauter les repères auxquels nous avaient habitués les tenants (droite et gauche confondues) de la politique traditionnelle.

En employant ce mot de succès à propos de Nicolas Sarkozy, il ne s'agit bien sûr pas d'un jugement politique, encore moins d'un jugement de valeur. Mais d'un constat : *ça marche*. Ce qu'il dit, ce qu'il fait rencontre une adhésion d'un grand nombre de personnes, au moment précis où il dit ou fait. Bien sûr, les (bons) sondages ont, pour l'instant, disparu mais une forme d'adhésion demeure.

Chaque petite anecdote, chaque fait divers auquel le président se sent tenu de réagir – enfant mordu par un chien, maisons détruites par une tornade, meurtre commis par un récidiviste en cavale – est traité comme un événement majeur, requérant une loi (par essence universelle). Mais ce sont justement les faits divers, les anecdotes, les petites histoires de tous les jours qui constituent l'essentiel de la vie du plus grand nombre. J'ai souvent été rendu attentif à l'importance du « pleurer ensemble », ce que Durkheim nomme un « rite piaculaire ». Certains ont pu parler à propos des faits divers du *Mana quotidien*. Bref, Sarkozy, en « s'intéressant » à ces faits anecdotiques mais essentiels au même titre qu'aux grands « déterminants » économiques et politiques voire aux questions importantes du moment (le chômage, les déficits publics…), rencontre un indéniable succès, une audience, en tout cas une résonance. C'est pour cela que Nicolas Sarkozy est présent dans les conversations de tous les jours, le café du commerce, les échanges entre voisins de lotissement ou de village.

Pour le dire en d'autres termes, ce à quoi nous ont rendus attentifs les esprits les plus aigus de la chose publique, c'est qu'à côté de l'*histoire extérieure* qui, de nos jours, est le fonds de commerce des médias, des experts en sciences politiques et des divers sondeurs (tous atteints d'une maladie bien moderne : la quantophrénie), il existe une *histoire intérieure* qu'il faut deviner ou, en son sens strict, qu'il faut inventer, c'est-à-dire faire *venir au jour*. Inventer le dessous des choses, l'endroit de la conscience collective.

N'étant ni courtisan ni résistant, il ne s'agit pas ici d'approuver ou de critiquer Nicolas Sarkozy. Ni de se prononcer sur la qualité de ses actes, sur son bilan. Ni de prédire sa réélection ou d'annoncer sa chute inéluctable. Mais de s'interroger sur le fait qu'il provoque chez les uns (les élites éduquées) tant de ressentiment, et chez d'autres (que, faute de mieux, on peut appeler le peuple) des réactions diverses et versatiles mais qui, même hostiles en apparence, témoignent d'une forme d'empathie. Autrement dit, il ne s'agit pas de discuter ses actes de gouvernement, mais de constater que quand il nous parle ou nous écoute, il nous comprend. Embarquons maintenant à bord de ces « Sarkologies »…

1.

Pourquoi tant de haine(s) ?

Bien sûr, on peut taxer de populisme ses déclarations outrancières et guerrières. Il y a eu celles contre les Roms ou les Cailleras, réconfortantes pour ceux qui, au quotidien, sont confrontés aux phénomènes d'insécurité, et non pour ceux qui vivent dans le triangle d'or des quartiers parisiens protégés des incivilités quotidiennes. Il faut, cependant, accepter de reconnaître que ceux-là se contentent de ces réactions verbales. L'injure comme catharsis de la violence en quelque sorte. En maudissant le président on se purge. C'est ce qui fonde ce curieux phénomène de participation « mystique » d'un chef aux réactions populaires ; et vice versa.

Je compte faire ressortir l'image d'un Sarkozy qui est là, bien réel, en phase avec la nappe phréatique que sont les masses populaires. Mais qui ne correspond en rien à ce que les élites, dans leur grande majorité, ont envie d'entendre, de comprendre, d'interpréter. Tout simplement parce qu'elles pressentent que ce qui se joue autour de cette « rupture » politique, c'est la fin de leurs privilèges. « Circulation des élites », ainsi que l'a bien montré Vilfredo Pareto, qui est la conséquence inéluctable de chaque fin de cycle.

C'est à partir d'un tel pressentiment que l'intelligentsia française, pâle de dépit et panurgique par nécessité, va, telle une horde sauvage, car elle chasse toujours en meute, s'acharner sur un homme qui de fait a décidé de ne pas respecter les codes du milieu. Leur marotte essentielle est la dénonciation des manquements, rêvés ou fantasmés, à ces codes[1].

C'est un mimétisme semblable que l'on peut observer de nos jours. Au lieu de pratiquer le discernement serein des faits et méfaits d'un président qui, comme tout dirigeant politique, doit être jugé avec impartialité, il est frappant d'observer que l'essentiel des commentateurs attitrés jouent les imprécateurs et apparaissent, *stricto*

1. Si je m'en souviens bien, la marotte était le sceptre de pacotille agité par le « fou » tournant en dérision le roi.

sensu, obsédés par l'objet de leur désir. Leur désir ? Créer un repoussoir, une créature maudite. Le « Voyou de la République » selon le titre en août 2010 de l'hebdomadaire *Marianne*. Dès lors, on ne peut plus appeler « analyse » ce qui n'est qu'une répétition mécanique de formules stéréotypées : « agité », « épileptique de l'Élysée » et autres perles de la même eau.

À moins que cette coterie ne témoigne, par son bavardage, de ce qu'elle est devenue. À l'encontre de ce qu'elle affirme, elle n'est plus préoccupée par la défense des grandes valeurs républicaines, des droits fondamentaux, mais elle est surtout animée de ce que les philosophes politiques italiens (qui en ont vu d'autres !) nomment bellement : *parrochialismo*. Tout simplement, l'esprit de chapelle corrélatif de la peur du grand large.

Il faudrait, ici, reprendre la distinction (dont on oublie qu'elle est de lui) proposée par Auguste Comte, entre « pays légal » et « pays réel ». Opposition qui, sous des noms divers, est fréquente dans les histoires humaines : celle qui souligne le désaccord, profond, existant entre le peuple et ses représentants. Désaccord ou désamour permettant l'émergence de nouveaux leaders qui, eux, sentent ce qu'il convient de dire et de faire.

Leaders populistes ? Charismatiques ? Démagogues ? C'est selon. En tout cas, ils sont les indices flagrants qu'un cycle s'achève, et avec lui une manière de faire la politique, de penser le politique. On peut traduire de nos jours cette distinction de la manière suivante : il existe un fossé indépassable entre l'*opinion publiée*, l'opinion mondaine influencée par elle, et l'opinion publique qui, elle, ne se reconnaît pas dans ce qu'elle lit et entend.

C'est ce qui m'amène à reposer ma question initiale : pourquoi tant de haine ?

Peut-être parce que ce qui irrite tant l'opinion publiée est en parfaite congruence avec l'opinion publique. Certes, pour le dire familièrement, il y a « des hauts et des bas ». Et pour cause, la versatilité est une des caractéristiques essentielles de cette opinion publique. Mais, fondamentalement, Sarkozy, en ses aspects changeants, avec sa syntaxe approximative, dans sa théâtralité voyante, avec son côté m'as-tu-vu, au travers d'un désir de jouissance, ici et maintenant, ne fait que tendre au peuple ébaubi un miroir où celui-ci peut voir le reflet de son âme collective. Il n'a rien à dire sur le Bien en soi, il n'a aucun discours universel, mais il joue sur la sensation d'être en contact direct avec les gens.

Là est le secret. Il est violemment critiqué, par une presse déchaînée. Or il suffit qu'il se mette en scène dans un dialogue avec les « vraies gens » pour qu'un je-ne-sais-quoi fonctionne. Sa présence, malgré ou grâce aux défauts et imperfections qui sont les siens, suscite une sorte de « participation magique ». C'est ainsi que des ethnologues, tel Lévy-Bruhl, désignaient ce magnétisme, cette chose immatérielle, impondérable, échappant à toutes les statistiques, assurant la cohésion d'une communauté confortant son sentiment d'appartenance, toutes choses faisant qu'il y a du lien, du liant social[1].

Il faut en effet rapprocher le faire et le dire du président des processus religieux ou magiques pour comprendre ce qui se passe en ce moment. La parole, le verbe, l'attitude ont en quelque sorte une force propre, qu'ils soient ou non suivis de décisions. Quand il déclare (à une habitante excédée de la cité qu'il visite) « qu'il faut nettoyer au Kärcher la cité » ou, plus tard, « qu'il faut

1. Cf. Lucien Lévy-Bruhl, *Les Fonctions mentales*, Éditions Félix Alcan, 1918, ch. II, La loi de participation.

démanteler les campements irréguliers », ou qu'il « faut déclarer la guerre aux voyous », ce n'est pas forcément un acte d'agression voire de discrimination envers les « gens du voyage » ou les « sauvageons » (même s'il n'a aucun scrupule à les désigner à la vindicte populaire). Mais tout simplement une *réaction* émotionnelle tenant tout entière en la puissance du verbe qui fait écho à ces paroles qu'ont envie de prononcer, au même moment, ceux qui n'en peuvent plus de vivre là.

Comme ce serait bien s'il suffisait d'un nettoyage au Kärcher pour résoudre les difficultés du vivre-ensemble au quotidien ! C'est cette métaphore résonnant dans l'inconscient collectif qui permet de nettoyer les caves, les garages, les antres souillés. Cela s'apparente au balancement de l'ostensoir, au feu purificateur. En réalité, il s'agit non d'une annonce gouvernementale, encore moins d'un acte, mais d'un Verbe dont la force s'épuise en l'instant magique. Car c'est bien de cela qu'il s'agit, quitte à choquer, à nouveau, les beaux esprits qui croient encore que la politique est chose rationnelle.

Nicolas Sarkozy ne fait pas de promesses qu'il ne tient pas ou plutôt, il est en cela comme tout homme politique, mais il dit, avec la force de l'image métaphorique, ce que tout un chacun aimerait dire en l'occurrence, sur le moment même. Et sans que cela porte à conséquence.

Je ferai, souvent, référence au livre de l'historien Ernst Kantorowicz : *Les Deux Corps du roi*[1]. Celui-ci explique que le roi était en quelque sorte « double ». Son « corps naturel », on pouvait le souffleter, le vilipender voire le maudire. De nos jours, *l'opinion mondaine* s'en charge. En revanche, son « corps politique », c'est-à-dire ce en quoi il représentait la communauté, ce grâce à quoi il était la communauté, était intouchable. On peut dire que le « corps politique » du président Sarkozy perdure lui aussi, intact, au-delà des attaques dont il est l'objet. C'est ce corps politique qui fascine et assure le ciment du vivre-ensemble.

Des « affaires » en tous genres peuvent défrayer la chronique, des articles vengeurs le traîner dans la boue, tout cela semble de peu d'importance dès le moment où, par une grâce mystérieuse, la simple existence (simple au sens où elle est ce à quoi tout un chacun aspire) d'un Sarkozy réticent

1. Ernst Kantorowicz, *Les Deux Corps du roi*, in *Œuvres*, Gallimard, 2000, p. 643.

aux constructions par trop rationnelles, est source d'inspiration pour un désir de jouissance, pour un hédonisme immédiat, caractérisant l'esprit du temps. Ou plutôt, si on en croit le poète latin Lucrèce : *eadem sunt omnia semper*, tout se répète et voilà que revient dans l'atmosphère mentale du moment cette sagesse épicurienne : la source et la racine de tout bien sont le plaisir du ventre. Sagesse pratique s'opposant aux abstractions des sachants de tous poils, mais bien en phase avec le souci populaire.

Père favorisant son gosse, ami protégeant ses amis, président compatissant excusant les frasques de ses ministres, en France ou dans le vaste monde, homme n'étant pas insensible au luxe et aux plaisirs de l'existence, voilà tout ce qui, inconsciemment, attire. *Humain, trop humain* : voilà ce qui fait de Sarkozy le garant d'une *chose publique*, c'est-à-dire d'une *res publica* qui n'est plus abstraite, rationnelle, désincarnée, mais au contraire concrète, enracinée. Ce à quoi on peut réellement, illusoirement, fantasmatiquement, rêver. Parfois, d'ailleurs, sans se l'avouer, parce qu'on sait que « ce n'est pas bien ». Donc rien de programmatique, mais l'accent mis sur l'émotionnel, ciment de ce que d'antique mémoire on nomme *affectio societatis*.

C'est parce qu'il est à l'unisson de cette pauvre « hommerie » que son charisme est opérant. « Charisme », en son sens étymologique, qui permet la cohésion ; ce qui assure la *glutinum mundi*, cette colle du monde faisant société. Là est l'essentiel, qui n'a rien à voir avec une morale, nouvelle justification du gang des bobos médiaphiles, justifiant leur lassitude de vivre par un prétendu « besoin de morale » auquel aspirerait le corps social.

Le peuple sait tout cela ; il sait, lui, que morale et politique sont antinomiques. Le « il faut bien vivre » populaire traduit le fait qu'au-delà ou en deçà des dogmes, des *a priori*, des programmes, la vie est un perpétuel et aléatoire ajustement. Tout comme elle n'est pas une morale, la politique, comme le note Joseph de Maistre, « est peu gouvernée par la justice[1] ». Dans le meilleur des cas, elle peut se tempérer par une dose de *justesse* dans l'appréciation et donc dans l'action. C'est tout cela qui me conduira à une série de variations sur

1. Joseph de Maistre, *Les Soirées de Saint-Pétersbourg*, in *Œuvres*, Robert Laffont, « Bouquins », 2007, p. 663.

un unique thème : malgré les apparences, Sarkozy est en phase avec les aspirations profondes du peuple. D'où la nécessité de faire ressortir des phénomènes évidents que nos évidences théoriques nous empêchent de voir.

L'air du temps est au *nous*. Avec les nouvelles formes de générosité ou de solidarité que cela induit. *Nous* à forte composante *émotionnelle*. Ces communautés reposant sur le sentiment d'appartenance, Sarkozy sait les toucher et s'en rapprocher parce qu'il pressent bien que ce sont elles qui vont constituer la société complexe de demain. Elles peuvent d'ailleurs être antagoniques, amenant le président à « sans cesse se contredire », supprimant la double peine un jour, proposant la déchéance de la nationalité française pour les mêmes, le lendemain. Mais, en fait, il est en phase avec l'évolution présente, il adhère en quelque sorte à ce pays « mosaïque ». Dans ses réactions « désordonnées », son action « incohérente », Nicolas Sarkozy ne crée pas cette fragmentation tribale. Mais il en est, en quelque sorte, le *haut-parleur*. Il sait dire tout haut ce qui est vécu à bas bruit. Parfois d'ailleurs en contradiction avec ses propres incantations républicanistes. Cela peut irriter les *gens bien*. Les *gens de peu*, quant à eux, n'ont que faire qu'il soit contradictoire. Au contraire, cela le rend plus attachant.

Afin de comprendre le « réel » de l'émergence du monde capitaliste, Max Weber suggère de suivre la voie de cet « irréel » qu'est l'esprit du protestantisme naissant. C'est quelque chose de cet ordre que j'entends faire ici : suivre le fil ténu du labyrinthe permettant de mener à une figure politique mystérieuse, cachée, mais concrète. C'est-à-dire qui ne soit pas une abstraction sur laquelle on puisse projeter tout notre manque à être, mais quelqu'un qui croît (l'étymologie de concret : *cum crescere*, croître avec) avec un peuple dont il (re)présente bien heurs et malheurs, qualités et défauts.

Pour ce faire, et sans leur dénier quelque valeur, il convient de ne point être l'esclave des analyses et des divers commentaires des politistes patentés mais, en revanche, au travers de divers syndromes, de recueillir les mythes relatifs à l'homme et au président de la République. La mythologie consiste, ne l'oublions pas, à rassembler, à conserver les histoires fondatrices de l'être-ensemble. Telle est l'essence du *legein* : recueillir ce qui est là. Ce traité de « Sarkologies » a le même type d'ambition voire de prétention : rendre évident ce que la tranquille certitude de certaines (fausses) évidences nous empêche de voir. Ce qui implique que l'on sache ne plus confondre *l'opinion publiée* et *l'opinion publique.* Et cela, Nicolas Sarkozy l'a bien senti. À terme, voilà sa force principale.

2.

La figure du diable

On s'est interrogé, avec quelque véhémence, sur ce dont Sarkozy était le nom. La réponse a été donnée d'une manière tranchée et unilatérale : en bref, c'est un extrémiste, un rejeton attardé de Pétain. La haine n'étant jamais bonne conseillère, peut-être faut-il revenir au vieil adage des humanistes de la Renaissance, qui recommandaient d'aborder toutes choses *sine ira et odio*, sans colère ni haine. N'avoir aucune complaisance, sans pour autant céder à l'outrance. Cette dernière n'ayant très souvent qu'une seule fonction : donner bonne conscience à celui qui l'emploie. Peut-être parce qu'il n'est, au fond, pas très convaincu de ce qu'il avance.

Il y eut tant de diatribes, d'imprécations,

d'injures même[1], et parfois aussi d'éloges sans recul qu'il importe de revenir à un mélange, peu fréquent de nos jours et qui, pourtant, fit la grandeur et la beauté de l'esprit français : l'union du sens commun et de la droite raison. Voilà qui, peut-être, permettrait de répondre que ce dont Sarkozy est le nom n'est rien d'autre que le peuple. Cela peut en irriter certains et en fasciner d'autres. Mais il faut bien envisager, fût-elle dérangeante, une telle hypothèse. Et ce d'une manière sereine ; en se purgeant de nos *opinions*, de nos convictions et autres préjugés. Hé oui, le peuple est toujours là ! Il n'est pas toujours de bonne compagnie et, souvent, il reste bien animal, avec les instincts, les passions et les émotions qui l'affectent. Typique en cela de cette pauvre et belle « hommerie » dont parlait Montaigne.

Ce peuple, faudrait-il le trucider ? C'était une solution proposée par ce révolutionnaire conséquent que fut Netchaïev. Certains révolutionnaires d'ailleurs s'y sont employés, qui perpétrèrent en divers camps de redressement ou de rééducation ces massacres de masse dont le

1. Cf. Alain Badiou, *De quoi Sarkozy est-il le nom ?* Nouvelles Éditions lignes, 2007.

Cambodge, la Chine ou l'Union soviétique se sont fait une spécialité. Et il n'est pas dit que les héritiers de ces « belles âmes », voulant d'une manière parfois rude mais, pensent-ils, juste, le bien du peuple, ces héritiers que sont tous les gauchistes recasés dans la presse, l'édition, l'université et autres partis politiques, n'aient pas gardé, plus ou moins inconsciemment, la nostalgie de telles mesures radicales pour aboutir à une société épurée et parfaite.

C'est parce qu'il a un côté *peuple*, pas très bien élevé, que Sarkozy fait peur. Agitation, tics, incorrections de langage, impulsions incontrôlées et bien d'autres choses encore, tout a été dit concernant le président. Et pourquoi pas, un début du syndrome de *Gilles de la Tourette* : « Casse-toi, pauvre con » ? C'est cela qui va lui conférer une aura diabolique qui, tout à la fois, fascine et révulse. Car, d'antique mémoire, en France, on aime bien se faire peur.

Dans les contes et légendes et autres mythologies, il y a toujours un *mauvais objet* sur lequel on projette sa part d'ombre. Un méchant, dont la présence est indispensable. Le mauvais sans lequel la vie serait bien fade. Le diable, quoi ! Ange déchu, mais tout de même omniprésent.

Pour ne prendre qu'un exemple entre mille, il est instructif de voir un hebdomadaire satirique (humoristique ?) le présentant, avec constance, sous la forme d'un diablotin aux cornes évidentes. Et on imagine bien les lecteurs, sexagénaires ou plus encore, de ce journal (je ne connais aucun étudiant qui le lise) en charentaises et, tout en bourrant leur pipe, se délectant des banderilles enfoncées dans le corps de ce maudit démon.

Les détracteurs obsédés se délectent en lisant chaque semaine les méfaits de ce diabolique immoraliste, plaçant amis et parentèle dans des postes convoités et rémunérateurs ou symboliquement significatifs. Comme on le sait, le président Sarkozy a inventé le népotisme. À moins qu'il ne pratique, sans trop se cacher, ce qui est un lieu commun de tout pouvoir : récompenser, favoriser, s'attacher des clients. Comme l'ont fait plus ou moins ouvertement, avant lui, Giscard, Mitterrand ou Chirac.

Les anthropologues, en tout cas ceux qui s'attachent à saisir les racines de la nature humaine, savent bien que le mythe n'est pas une décoration adventice, dont on peut faire l'économie et qu'il convient de dépasser : il est la substance même du *Réel*. Je dis bien *Réel* et non cette *réalité* économique, politique, et sociale dont on nous rebat les oreilles. *La réalité (le principe de réalité)* est rachitique, *le réel* est gros du surréel. C'est-à-dire des rêves, des fantasmes, des fantaisies et des fantasmagories dont nous sommes pétris. À l'irréalité de la réalité répond l'aspect complexe et riche des rêves quotidiens. La thématique du diable est l'expression d'un tel rêve incarné. Et le voir s'exprimer dans une figure de la scène politique quotidienne n'est en rien gênant.

J'ai dit ailleurs le rôle que les anthropologues accordent au *trickster* un peu agité, un peu escroc, qui transgresse les règles communes, dont la fonction est justement d'animer la vie de la tribu. Il y a également le « fripon divin » dont C.G. Jung a rappelé l'importance. Et bien sûr Dionysos (j'y reviendrai), qui réanime, *stricto sensu* redonne une âme, à la cité alanguie et par trop rationnellement gérée[1]. Mais une âme, celle d'un individu ou celle d'un peuple, n'est jamais d'un seul bloc, elle n'est pas blanche ou noire, elle exprime le clair-obscur de l'existence. C'est en ce sens que Sarkozy peut

1. Cf. Michel Maffesoli, *L'Ombre de Dionysos. Contribution à une sociologie de l'orgie* [1982], dernière éd., CNRS éditions, 2010.

être ce que Durkheim nommait une *figure emblématique* : il s'agit d'une sorte de totem autour duquel l'on s'agrège et qui tant bien que mal, pour le meilleur et pour le pire, symbolise ce que l'on est. Il représente non pas une *réalité abstraite*, que l'on aimerait qui soit, mais un *réel concret*, qui est ce qu'il est.

D'où l'attitude ambivalente que l'on peut avoir vis-à-vis du petit diable : en même temps, attraction et répulsion. Tout cela a été très souvent analysé et bellement décrit. Catulle, dans le laconisme du latin, le résume en une simple formule : *odio et amo*, j'aime et je hais en même temps. Peu à peu, une telle ambivalence passe de l'inconscient au conscient. D'où, au-delà des détestations et des imprécations bien-pensantes, une prise de conscience de la nature même de notre « fripon » national : le bien et le mal mêlés en une créature ambiguë. La figure rhétorique de ceux qui n'ont pas peur d'envisager la postmodernité naissante est l'oxymore : « cette obscure clarté », « ce monstre délicat ».

Cette subtilité, les fonctionnaires du système médiatique ne veulent pas la voir. Hystériques sur la scène, ils se vivent comme résistants à l'occupation sarkoziste. Scène vécue : lors d'une émission radiophonique sur une station du service public et qui se vante de l'être, un journaliste lambda, pas plus bête qu'un autre, présente un flash d'information. En prononçant le nom du président de la République, sa langue fourche et il l'estropie. Rien de bien important. Un *lapsus* des plus communs. Mais hors antenne, dans le studio, fou rire général. Et tout un chacun, journalistes et invités, tous respectables, de se réjouir de l'anodine bévue et de l'assortir de commentaires dignes des « guérilleros » qu'ils sont devenus. Ne font-ils pas ainsi la révolution contre le dictateur de l'Élysée ?

Ce dont Sarkozy est le nom, c'est qu'on ne peut pas prononcer ce nom sans hystérie. Exemple paradigmatique d'une atmosphère mentale où tout est bon pour stigmatiser. Ce qui, fondamentalement, traduit une attitude quelque peu adolescente : se poser en s'opposant. Posture immature s'il en est. Peu apte à porter des fruits, c'est-à-dire à offrir une analyse conséquente d'un phénomène méritant tout autre chose que la simple caricature. Oxymore, complexité que l'on ne saurait réduire, sans d'importants dommages, à la facilité du conformisme ambiant.

À l'encontre de la doxa médiatique, l'opinion

publique, autre manière de dire le peuple (c'est tout de même mieux que de dire les « gens », ce qui sent trop sa domesticité), ce peuple donc, dispose d'un savoir incorporé, non théorique, c'est-à-dire d'une connaissance faite d'expériences : la vie est loin d'être un fleuve tranquille. Il sait qu'il y a des remous, des tourbillons et des vicissitudes et qu'il faut les aborder et « faire avec ». Non pas avec la bonne conscience incantatoire et plus ou moins rationalisée, mais par les essais-erreurs caractéristiques de toute action digne de ce nom. Ambivalence, ambiguïté propre à la nature humaine et qui de tout temps s'est cristallisée dans le pouvoir. Quelle que soit d'ailleurs la forme qu'il puisse revêtir.

Je pense ici à nouveau à ce que l'historien Kantorowicz nommait « les deux corps du roi ». L'un est appelé à souffrir. Il doit subir de multiples avanies, quolibets, railleries, plaisanteries plus ou moins acerbes, pamphlets et diverses mazarinades, rien ne lui est épargné. Ainsi ce corps souffre et meurt symboliquement. Mais il est un autre « corps », pérenne, intouchable, que le roi transmettra à son successeur. Voilà qui traduit bien une ambivalence que nos imprécateurs à demi cultivés – comme il y a des *demi-*

mondaines – oublient par trop, mais qui est ressentie par ceux qui ne s'en laissent pas conter.

Les Guignols de l'Info, satire plus ou moins méchante (et plus ou moins drôle), peuvent, chaque jour, s'en donner à cœur joie. On ne va pas les considérer comme inutiles. Mais ce ne sont que des vitupérations contestant un président « agité ». Au sens strict, la contestation *(con testare)* est une forme de témoignage restant dans le même champ que ce qui est contesté. C'est de même nature. Reste qu'à côté des agitations sarkozistes et antisarkoziennes, perdure une fonction (un autre corps du roi) dont on sent bien, plus ou moins confusément, qu'elle *représente*, en son sens fort, la communauté et par là assure sa perdurance. À une communauté complexe répond un représentant complexe.

L'hystérie ambiante ou le pieux conformisme peut s'attaquer au « corps naturel » du chef, la communauté préserve son « corps sacré ». Et ce, parce qu'il représente, symbolise et cristallise l'être-ensemble. Il est le garant de la continuité de ce dernier. Voilà qui peut paraître étonnant ou quelque peu anachronique, mais il faut se rendre compte qu'à l'encontre de ce que pensent quelques *laïcards* gentiment désuets, fébrilement attachés à la loi de 1905 et autres valeurs *républicanistes*, un changement de paradigme est en cours. Si l'on suit l'analyse du sociologue Max Weber dans son *Éthique protestante et l'esprit du capitalisme*[1], et son fameux « désenchantement du monde » (il aurait mieux valu traduire *Entzaüberung der Welt* par « démagification du monde »), le monde moderne est né avec la sécularisation progressive des sociétés occidentales.

On peut observer, empiriquement, que l'émergence de la postmodernité va de pair avec une forme de réenchantement du monde. La religiosité retrouve une étonnante vitalité. Et, au monothéisme « démagificateur », ayant évacué idoles et icônes, est en train de succéder un polythéisme bon enfant, renouant avec un paganisme populaire, n'ayant jamais été totalement déraciné et qui redonne au sacré une place de choix. Régis Debray parle même à ce propos de *sacral.* La désinence « -al » (sociétal, sacral) renvoyant à une globalité en philosophie, ce terme caractérise donc

1. Max Weber, *L'Éthique protestante et l'esprit du capitalisme*, traduction Julien Freund, Plon, 1969. Cf. aussi Régis Debray, *Le Moment fraternité*, Gallimard, 2009, p. 99.

bien le retour du sacré dans tous les domaines de la vie sociale. Pour prendre une autre métaphore, on pourrait parler du caractère épidémique de ce réenchantement, de cette « remagification » du monde.

Voilà pourquoi les lazzis médiatiques ou politiques peuvent s'en prendre au « corps naturel » du président, ils glisseront sans trop d'effet sur son « corps sacré » qui, lui, appartient à la communauté en son entier.

3.

Une princesse encombrante

C'est l'histoire d'un président et d'une princesse. Non pas Carla Bruni. Il s'agit du fameux roman de Madame de Lafayette, *La Princesse de Clèves*. Que dit, à l'occasion d'un discours de circonstance, Nicolas Sarkozy ? Qu'il semble bien vain et en tout cas inadapté, lors d'un concours administratif pour des fonctionnaires subalternes et dans le cadre d'une épreuve de culture générale, d'interroger les candidats sur un roman dont la trame peut paraître quelque peu datée. Rien que de bon sens ! Le roman en question n'était pas jugé en tant que tel ; seule sa connaissance par un public formé par d'autres types de cultures était mise en cause. Peut-être l'intéressé, dont le parcours scolaire a été modeste – il ne sort ni de Normale sup ni de l'ENA –, a-t-il, inconsciemment, cité cet ouvrage comme faisant partie de ceux que seuls les adolescents grands lecteurs lisent avec plaisir. Pour les autres, l'obligation scolaire dégoûte de ces magnifiques œuvres que sont *La Princesse*, *Le Grand Meaulnes* ou *Madame Bovary*. Seuls les enseignants, qui n'ont jamais quitté le milieu des bons élèves imaginent que de tels ouvrages, qui n'ont pas du vivant de leur auteur dépassé un cercle très étroit de lecteurs, pourraient devenir des best-sellers.

Cette critique, il faut le dire anodine, déclenche à nouveau l'hystérie, une levée de bouclier des « réfractaires » de tous poils qui y voient une attaque en règle de la Culture, avec un grand C. On peut ici se souvenir de la formule de Nietzsche : monothéisme, monoïdéisme, monotonothéisme. Tant il est vrai que pour les protagonistes de la fameuse « pensée unique », il ne peut y avoir qu'une Culture. Un bloc unique et figé pour l'éternité. D'où les lectures publiques de ce roman et « autres rondes de protestation » (à moins que celles-ci ne soient dédiées à une autre cause, mais peu importe, on y retrouvait les mêmes *cultureux*), afin d'attirer l'attention d'un public étonné et indifférent sur un crime que le pouvoir était en train de commettre contre notre littérature.

Ce fut encore une protestation sans lendemain. À part, bien sûr, pour les éditeurs du roman en question, qui, de par l'injonction faite à leurs élèves par les professeurs du secondaire, virent croître la vente en poche de la pauvre *Princesse*, qui n'en demandait pas tant ! En fait, la réserve des masses face à cette juste lutte tenait à ce qu'elles étaient plus préoccupées de la sortie du tome VII d'*Harry Potter* ou qu'elles regardaient *Secret Story* sur TF1. Il est possible que nos derviches tourneurs de la Culture Universelle aient ignoré qu'il n'y a plus une seule culture, un seul étalon du beau et du bon. En effet, en écho au polythéisme des valeurs propre à nos sociétés métissées, un polyculturalisme galopant se diffracte, à l'infini, dans ce qui n'est plus une société homogène et égalitaire, mais une mosaïque sociétale.

Séries télévisées, soap operas, téléfilms américains, *télénovelas* brésiliennes, jeux vidéo et multiples forums de discussion sur la Toile, sans oublier les sites communautaires et autres « home pages », voilà où se diffuse la culture postmoderne. Certes *La Princesse de Clèves* occupe la place qui lui revient, mais uniquement cette place. Avec bon sens, le président tentait ainsi de remettre cette aristocrate à sa place. Nos *résistants* en sont restés au monothéisme idéologique et culturel de la modernité et ils ont bien du mal à accepter le polythéisme des valeurs, des cultures, des comportements, spécifique de la postmodernité. En termes pédants et pour rester dans l'ordre de la rhétorique, il s'agit là d'une synecdoque caractérisée : prendre la partie pour le tout. Un morceau du discours de Sarkozy a été monté en épingle, jusqu'à oublier l'ensemble du propos, qui visait à promouvoir dans la fonction publique des candidats possédant des formes de culture et d'éducation diversifiées, approche démocratique s'il en est.

Encore eût-il fallu que les membres du jury connaissent ces autres formes de culture. Pour donner un autre exemple du décalage de ces « élites » chargées de délivrer les diplômes les plus modestes : une jeune femme mexicaine, mariée à un Français, tentait d'obtenir un CAP d'esthéticienne, dans la catégorie CAP pour étrangers. Elle se vit recalée, car elle ne connaissait pas l'existence de Proust. Pertinent ?

Le syndrome de *La Princesse de Clèves* est donc révélateur du déphasage de plus en plus grand entre une intelligentsia figée sur un universalisme culturel d'un autre âge et un relativisme populaire qui ne se sent pas astreint à posséder une culture « classique » ou pis, générale ; ni déshonoré d'apprécier des formes de spectacle ou de divertissement que réprouvent les canons de l'Art. Le président n'a fait qu'exprimer cette sensibilité décomplexée, qui ne se sent plus tenue d'être fascinée ou sidérée par ses élites culturelles. Il est vrai, cependant, que, parfois, il tente de donner le change en exhibant la couverture d'un ouvrage classique qu'il serait en train de lire. Mais cela ne trompe personne. Il s'agit là d'une coquetterie de son « corps naturel », l'individu Sarkozy prenant la pose. Dans son attitude profonde, et le discours sur *La Princesse de Clèves* en témoigne, son « corps sacré », celui du président Sarkozy, est en phase avec ce relativisme émergent. C'est ce qui fait que les imprécations glissent comme l'eau sur les plumes du vilain petit canard.

En effet, c'est à cause ou grâce à cette empathie qu'il est le porte-voix d'une société cachée à elle-même et en attente d'être révélée. Une société secrète, toute en clair-obscur et en ambiguïtés, pour reprendre une thématique de l'ami Edgar Morin, une société *complexe* que les nostalgiques des Lumières du XVIIIe siècle ne peuvent pas comprendre. Parmi quelques bonnes choses qu'il a dites, le vieux Marx a bien montré que, *tempus fugit*, ce qui fut en un moment tragique ne peut recommencer qu'en comédie ou mieux, en farce. C'est bien ce qui arrive avec les « Lumières » clignotantes de ce XXIe siècle commençant. Elles se réclament de leurs grands *ascendants*, mais n'en sont que de pâles copies *descendantes*. Bien descendantes !

Ce que ces bien-pensants ne peuvent pas comprendre, ils vont le stigmatiser. Le peuple leur fait défaut, le peuple ne suit pas, le peuple ne se reconnaît pas dans l'Universel de leur Culture ? Dès lors, habituées qu'elles sont des divers « -ismes » dont ils font commerce, ils vont s'attaquer au « populisme » de ceux qui sont en phase avec ce peuple réel. S'attaquer au relativisme de ceux qui ne considèrent pas qu'il n'y a qu'une Vérité qui, à l'image du Dieu Un, serait universelle et intangible, mais qu'il s'agit, au jour le jour, de faire ressortir de petites vérités qui, tels les dieux du Panthéon, se relativisent les unes les autres.

Sans qu'il en soit lui-même conscient, le président se contente de faire ressortir certains aspects secrets des gens et des choses. Il rend intelligible la présence d'un réel invisible, celui de la vie au jour le jour des Français. Belle ambition, dont devraient s'inspirer les démarches intellectuelles, que celle d'épiphaniser, élever sur le pavois un phénomène inaperçu quoique évident. C'est en faisant cela que l'on touche juste, que l'on vise au plus juste et que, sur la longue durée, les vitupérations subalternes glisseront dans l'inanité. Pour le dire à la manière de Claudel, « le clapotis des causes secondes » cesse lorsque l'essentiel s'affirme. L'essentiel, pour celui qui est censé être le garant d'une communauté nationale, c'est d'être en phase avec les aspirations profondes qui la structurent.

Puis-je ici faire une rapide digression philosophique, afin d'indiquer, en langage plus soutenu, le glissement de paradigme qui est en gestation ? Et ce, en empruntant une distinction proposée par Heidegger à propos du langage. Pour une part, dit-il, le mot *désigne*. C'est-à-dire qu'il indique le sens lointain. Le sens en tant que finalité. D'un autre côté, le mot *montre* ce qui est là. Il favorise l'apparition des choses mêmes[1]. J'ajouterai que le fait de montrer, en pensant à ce vieux

1. Martin Heidegger, *Acheminement vers la parole*, Gallimard, 1969, p. 231.

mot français, nous fait « monstrer » ce que nous pouvons considérer comme monstrueux, mais qui pourtant *est là*. Ce qui fait partie d'un Réel qu'il est vain de dénier.

En extrapolant une telle distinction, on peut considérer que le mot, ou le concept intangible *désignant* ou indiquant le lointain, le but à atteindre, est cela même qui a servi de critère à la politique moderne, en ce qu'elle avait de projectif, de rationnel, de contractuel. C'est le fondement de toutes les théories du Contrat social. En revanche, le mot qui montre (*monstre*) tente de s'accorder à ce qui est, de s'ajuster pragmatiquement aux vécus multiples, qui ne sont plus préoccupés par le lointain, mais bien par les opportunités présentes. Si cette expression a un sens, cela renvoie à la politique postmoderne, s'attachant au présent, au compassionnel, à cet émotionnel dont le « Pacte », alliance immédiate et instantanée – à l'encontre du Contrat, lien rationnel et programmé – est l'illustration achevée.

Et, à l'encontre d'une classe politique qui reste obnubilée par un rationalisme que l'on pourrait qualifier de *natif*, le président Sarkozy a eu l'intuition d'un tel climat émotionnel. Je dis bien intuition, en ce qu'il ne s'agit pas d'une perspective théorique, mais bien d'une « vue de l'intérieur ». Enfant de la télévision, il comprend spontanément l'importance des émotions, des passions, des affects qui sont suscités par les images. Images qui, par construction, se partagent à plusieurs ; images, par essence, communielles. Le propre de *l'émotionnel* ne se réduit pas à l'émotif individuel, il est collectif. Il est cause et effet d'une ambiance, d'une atmosphère mentale.

Il est certain que les nouveaux moyens de communication interactifs favorisent les fantasmes et les fantaisies communs et dès lors participent d'une « transfiguration » du politique. Celui-ci ne pouvant plus se réduire à une mise en perspective programmatrice, mais se focalisant sur ce qui est vécu dans le moment, dans l'instant. Dès lors, il n'est pas étonnant que du moment que les « étranges lucarnes » en ont parlé, un président se sente obligé d'intervenir, lors d'une inondation sur la côte Ouest du pays, d'un incendie dans le Midi, d'une profanation de cimetière, tous événements choquant la population concernée. Ou même d'admonester une équipe de football en déshérence. En chacun de ces cas, et la liste peut s'allonger à l'infini, il ne s'agit pas d'apporter une solution rationnelle, mais de vibrer à l'unisson de ceux qui sont *affectés* par la situation en question.

D'où l'aspect vibrionnant que cela ne manque pas d'avoir. Il est aisé de moquer cela, mais c'est de courte vue, car c'est négliger que c'est bien un nouvel ordre symbolique qui est en train de se mettre en place. Ordre organique, où l'affect, le sentiment d'appartenance, les affinités électives jouent un rôle majeur. J'ai nommé cela *Le Temps des tribus*[1]. Et c'est faire preuve au mieux de négligence, au pire de dogmatisme que de refuser de voir en ces « pactes émotionnels » le substrat de toute vie sociale. Et c'est en « reniflant » cela que Sarkozy semble bien connecté au « surréel » d'un temps traversé de rêves et de fantasmagories multiples.

Je dis bien « renifler », pour souligner la dimension intuitive de ce qui est en cours. Il est fréquent, mais en général l'on n'en tire pas toutes les conséquences qui devraient l'être, de qualifier tel ou tel responsable d'*animal politique*. Cela, pour

---

1. Michel Maffesoli, *Le Temps des tribus. Le déclin de l'individualisme dans les sociétés de masse* [1988], rééd. La Table ronde, 2000.

souligner son instinct, le fait qu'il sent, qu'il pressent, qu'il est capable de « vibrer » avec les gens, les choses et les situations. Le propre d'une telle animalité, comme toute attitude instinctuelle, c'est sa vitesse, sa flexibilité, sa capacité de réagir à une situation donnée. Une telle réactivité était, justement, la caractéristique du chef charismatique dans les sociétés traditionnelles. Ce qu'indique bien l'adage romain : *qui cito dat, bis dat*, celui qui donne vite, donne deux fois.

C'est ainsi qu'à l'encontre d'un personnel politique prenant le temps de la réflexion pour fonder le temps de l'action, temporalité de la longue durée, ce qui est qualifié d'agitation (« agité du bocal » ou agité de tics nerveux) est peut-être l'expression d'une accordance au temps de l'instinct. C'est le *kairos* d'antique mémoire, consistant à saisir l'opportunité qui se présente, la « bonne occase » si on le dit familièrement, ou *l'instant éternel*, d'une manière plus sophistiquée. *Kairos* étant un dieu chauve, il fallait l'attraper sur le moment, car on ne pouvait pas le tirer par les cheveux lorsqu'il avait tourné les talons. C'est bien un tel « situationnisme » qui me semble être la marque de fabrique du président. Cela peut susciter la détestation des tenants modernes de la politique, mais dans le même temps une appréciation diffuse de la part de tous ceux qui ne se sentent plus *représentés* par des *représentants* ne s'intéressant qu'au futur ou, pour le dire comme Nietzsche, à d'autres « arrière-mondes ». La persévérance et la foi en l'avenir, voilà quelles étaient les vertus de l'homme politique moderne. C'est bien ce que le diablotin Sarkozy (inconsciemment ?) déconstruit. En effet, c'est l'instantanéité et le présent qui constituent le cœur battant de son action et de sa pensée.

Il est fréquent de citer la remarque de Charles Péguy : « Tout commence en mystique et s'achève en politique. » En oubliant de rappeler que dans les *corsi e recorsi* des histoires humaines, la mystique revient fonder le lien social. Peut-être faudrait-il d'ailleurs parler d'un *ésotérique* permettant qu'il y ait, ensuite, de l'*exotérique*. Dans son livre le plus abouti, avant qu'il ne devienne lui-même un de ces grognons vitupérant le temps présent, Philippe Murray a bien montré comment, au XIXe siècle qui fut certainement celui de l'apogée de la modernité, c'est une forme de réflexion ésotérisée qui servit de fondation à tous les discours d'émancipation d'obédience socialisante[1]. Il est possible qu'il en soit de même pour le cycle s'esquissant sous nos yeux.

Ainsi, *horresco referens*, Sarkozy serait un bon représentant d'une mystique postmoderne. C'est-à-dire ce *medicine man*, en qui une France secrète se reconnaît sans ambages, exprimant le glissement de culture : du livre à la télévision. Et demain, de la télévision à la Toile. N'ayant pas peur de passer du langage soutenu au langage parlé. Et acceptant la transition d'une société surplombante, stratifiée, jacobine, celle de la « loi du père », à une position de plain-pied : la société des frères. La familiarité affichée, le tutoiement facile, la main baladeuse sur l'épaule ou le bras de son interlocuteur, voilà qui témoigne du besoin instinctif de contact. Au mot trop utilisé (et donc démonétisé) de fraternité, je préfère celui « d'afrèrement », la manière dont le petit « grand frère » qu'est le président de la République est en phase, comme bien d'autres chefs d'État du même acabit (Obama, Lula, Chavez) avec les aspirations profondes du moment. *Medicine man* sait capter le

1. Philippe Murray, *Le XIXe siècle à travers les âges*, Gallimard, 1980.

besoin d'immédiateté voire de versatilité. Ce qui rend superflu de pousser un projet ou une réforme à son terme. L'essentiel étant que sur le *moment* on dise que l'on va faire quelque chose, peu importe qu'on le fasse vraiment ou que cela se réalise concrètement. Ce président bondissant illustre bien l'ombre d'une France postmoderne.

Il y a, à certains moments, nécessité de certains hommes. Non pour ce qu'ils représentent en eux-mêmes, mais parce qu'ils représentent le temps même. Songeons ici à cette rude mais juste remarque de Joseph de Maistre concernant Bonaparte : « Ce brigand élu… grand et terrible instrument aux mains de la providence… immense zéro, nullité toute-puissante qui balaye la place pour des architectures futures[1]… » Par honnêteté intellectuelle, je cite les termes mêmes de cet observateur aigu de son temps. Et sans souscrire aux qualificatifs employés, on peut se demander si ce n'est pas ainsi que procède notre *medicine man* national.

1. Joseph de Maistre, *Les Soirées de Saint-Pétersbourg, op. cit.*, *7e entretien.*

4.

Petit Poucet et bottes de sept lieues

Parmi les nombreux lazzis adressés à l'un des « deux corps du roi », le naturel, celui que l'on voit, il est souvent question de la petite taille du président. Signe d'un manque de grandeur d'âme ? Symptôme d'une incapacité à gouverner ? Il est en effet commun, dans l'*opinion publiée*, d'établir une coïncidence entre la puissance et la taille. Il n'est pas sûr que la chose soit identique dans l'*opinion publique*. N'oublions pas que dans la mythologie populaire, Napoléon le Grand et le Roi-Soleil, Louis XIV, sont revêtus d'une indéniable stature. Et pourtant, ils n'étaient pas bien grands non plus ! Ne voit-on pas dans les tableaux le représentant[1], le roi Louis le Grand muni de talonnettes ?

Je ne l'indique ici que furtivement, mais

1. Celui de Hyacinthe Rigaud, à Versailles, en fait foi.

l'insistance à se gausser de la petite taille de Sarkozy mériterait une étude spécifique. Et il serait bon que les psychanalystes s'interrogent sur une telle obsession. Cette caractéristique a ainsi contribué à déterminer le caractère de bien des personnages historiques ; leur donnant du « cran ». C'est ce qui met des « grands petits hommes » tels Napoléon, Mozart, Lucas de Leyde, Érasme... dans une classe à part et qui leur confère un charme ou une fascination spéciale[1]. Car c'est bien de cela dont il s'agit, quand on observe la profusion de caricatures le figurant sur ses talons compensés, ou dressé sur la pointe des pieds, des paparazzi faisant des clichés le représentant juché sur une petite estrade derrière son pupitre. Sans oublier, *nec plus ultra*, la fameuse photo à la Maison Blanche, le mettant au même niveau que le président Obama, dont la taille est, de notoriété publique, bien plus élevée. Dans une époque où l'image est souveraine, ces caricatures, dessins et photographies ne manquent pas d'« informer » les nombreux articles de presse qui, allusivement ou systématiquement, font référence à la hauteur du

1. Erwin Panofsky, *Architecture gothique et pensée scolastique*, Éditions de Minuit, 1967, p. 58.

chef pour s'interroger sur son élévation intellectuelle.

On notera aussi en passant que, curieusement, la taille de François Mitterrand, qui ne dépassait pas de beaucoup celle de Sarkozy, ne donna jamais lieu à ces caricatures. Même quand il était photographié à côté de son ami Helmut Kohl.

On peut d'ailleurs s'étonner (en son sens étymologique) de voir comment les protagonistes de l'esprit « 68 » ou leurs directs descendants participent de cette pensée stéréotypée : grand = puissant, petit = malfaisant. La mythologie populaire est autrement plus complexe, ainsi que le démontrent les mythanalyses sérieuses.

Pénétrons donc dans ce que Baudelaire nommait la « forêt des symboles ». Elle est remplie d'*intersignes*, de ces liens mystérieux existant entre des faits apparemment éloignés l'un de l'autre. Par exemple, le Petit Poucet, petit en taille, mais grand en intelligence. Le conte rappelle que celle-là lui permet d'entendre, couché sous un escalier, ses parents élaborer leur noir dessein. Celle-ci, de ruser de multiples manières : il sème des cailloux sur le chemin pour pouvoir le retrouver. Il trompe de la manière que l'on sait l'ogre vorace et, surtout, il vole et chausse les « bottes de sept lieues » de ce dernier, ce qui lui permet de rentrer chez lui et de sauver ses frères.

Les talonnettes et les bottes peuvent être considérées comme homologues. Tout ce qui a trait aux pieds, pour les psychanalystes, connote virilité et vitesse. Je dirai pour ma part viridité et énergie. Il serait à cet égard intéressant de rapprocher les talons surélevés du président Sarkozy, ainsi que les manifestations de ses irritations et divers coups de colère, de la remarque de Jung, voyant dans « le pied et le piétinement un sens fécondateur[1] ». La botte et ses substituts suggèrent des idées d'audace, de conquête, parfois même d'agressivité.

Mais laissons de côté le conte de Perrault et revenons à la mythologie classique. En la matière, les talonnières de Mercure, dieu romain du commerce et des voyageurs, sont l'équivalent de l'Hermès grec « aux pieds ailés ». Il est difficile de se prononcer sur leur taille. Il n'en reste pas moins que c'est grâce à leurs *talons*, aux significations symboliques multiples, qu'ils seront les dieux tutélaires des commerçants et des voyageurs. Sans oublier – le détail est piquant – des voleurs !

---

1. C.G . Jung, *Métamorphoses de l'âme et ses symboles*, Éditions Georg, 1993, p. 522.

Mercari, faire du commerce ? Je rappelle qu'il faut entendre ce terme en son sens complet : certes, le commerce des biens, mais aussi celui des idées et enfin, le commerce amoureux. Il y a tout cela dans la symbolique du talon : ce qui est cause et effet de l'échange. Inutile, faute de compétences, de poursuivre des digressions mythologiques. Il suffit de rappeler qu'au-delà de la réduction bien-pensante et somme toute méprisante, il est de multiples interprétations de la taille. Et rappelons *in fine* que Hermès avec ses talonnières fut également qualifié de « Trismégiste », trois fois grand !

Comme on le voit, le bon sens populaire rejoint la sagesse de la mythologie. Les grands peuvent en imposer, mais ceux qui n'ont pas cette qualité peuvent en avoir d'autres. Ainsi, le petit, plein de vivacité et d'intelligence, peut « faire tendresse ». Il n'écrase pas, on n'en a pas peur. Et surtout, il ne possède pas tout : le pouvoir certes, la richesse peut-être, mais pas la prestance. En cela, il devient plus humain, semblable au commun des mortels, avec leurs imperfections. C'est ce qui entraîne d'ailleurs ce va-et-vient constant, amour, haine, cette versatilité que repèrent, sans vraiment la comprendre, les sondages répétés. Car il s'agit non pas d'une appréciation de la politique menée, mais de cette ambivalence que l'on éprouve toujours vis-à-vis des proches ou de ceux qui sont de même nature que nous. L'attraction/répulsion étant une constante de la théâtralité sociale.

Ce peuple imparfait, ambivalent, versatile, « beauf » (beurre, œuf, fromage : bof), mal éduqué, aime bien ce qui lui ressemble. J'ai dit que Sarkozy était un « oxymore sur pattes » : familier-teigneux, simple-méprisant, cocu-séducteur, petit-rusé, etc., ce sont ces qualités-là, opposées mais s'accordant tant bien que mal, qui constituent, justement, ce que les humanistes de la Renaissance nommaient la *coincidentia oppositorum*.

C'est également cette coïncidence des opposés qui assure la légitimité du chef. Dans le théâtre du monde, il doit être un bon acteur. Récitant à haute voix des histoires que l'on n'écoute pas forcément, mais qui sont nécessaires pour cimenter la communauté. C'est ainsi, ne l'oublions pas, que l'ethnologue Pierre Clastres définissait le rôle du chef dans la tribu des Indiens Guayaki. Chaque matin, il venait raconter la même histoire que personne n'écoutait, mais qui était, cependant, nécessaire à la vie de la communauté. Tout le monde vaquait à ses occupations sans trop prêter attention aux propos qu'il tenait[1]. Mais ceux-ci, tel un bruit de fond, structuraient la société. Peut-être est-ce quelque chose de similaire que l'on retrouve chez le chef postmoderne. Peu importe ce qu'il dit, sa seule fonction étant celle de la « reliance ». Degré zéro du contenu ; importance du contenant. Parfois il déraille, ou « ça sonne faux » et il reçoit des tomates et des quolibets, parce qu'il n'a pas répondu à ce qu'on attendait de lui. Mais ces horions ne portent pas à conséquence, il pourra, demain, recommencer à parler.

Si je puis faire image, je dirais que la vie politique c'est, tout à fait, comme la commedia dell' arte dont les Italiens, fins observateurs de la chose publique, ont dressé les contours : le récitant improvise à partir d'un canevas préétabli. C'est cet « à partir » qu'il convient de bien comprendre. Quelque chose est *là, donné*, et il faut s'en emparer, s'en servir, pour faire quelques vocalises en plus ; et uniquement si celles-ci ne font pas de « couac », par rapport à la mélodie de fond. Improvisations et variations sur un thème connu.

Thème de l'être-ensemble. Thème des mutations

1. Pierre Clastres, *La Société contre l'État*, Éditions de Minuit, 1974.

sociétales. Thème des attentes, des espoirs, des désirs qu'il faut savoir interpréter avec justesse. L'adage du bon gouvernant est connu : « Je suis leur chef, il faut que je les suive ! » Et il faut dire qu'en cet exercice de haute voltige – l'improvisation en est un –, Sarkozy excelle en ce qu'il *invente ce qui existe*. Peut-être est-ce, fondamentalement, de cela qu'on lui fait grief ; car le moralisme dogmatique de ce qui *devrait* être prévaut inconsciemment dans l'esprit des élites françaises. Or « inventer » ce qui est (en son sens fort, étymologique : *invenire*, faire venir au jour), c'est tout simplement s'ajuster au terroir, aux territoires, aux communautés telles qu'elles sont, et faire ressortir ce qu'ils recèlent. Ne dit-on pas, dans cet ordre d'idée, « inventer un trésor » ? Ce n'est pas le créer *ex nihilo* ; mais bien avoir le flair, le repérer et le mettre au jour.

Ce faisant, on est en phase avec son temps. Ce qui semble être le cas pour Nicolas Sarkozy, qui, dans ses outrances et son côté vibrionnant, a su chausser les « bottes de sept lieues » pour suivre, poursuivre les changements de mœurs en cours. Du coup, il a quelque chose de *fatal* en lui : il est en accord avec le commencement d'un nouveau cycle. Le moment où l'*histoire* devient *destin* est toujours passionnant à observer. Nombreux, bien sûr, sont les petits cailloux qu'il a semés. Au-delà ou en deçà du politique ou de l'économique, il est certains faits de société qui méritent attention. Par exemple, la mise en scène de l'intime. Peut-être faudrait-il dire de l'*extime*. On se souvient, à cet égard, de l'expression fétiche de la bourgeoisie du XIXe siècle : le mur de la vie privée. Et voilà que ce mur est passablement déconstruit. « Vie privée, vie publique », j'ai déjà montré en quoi il y avait, de nos jours, un constant va-et-vient entre ces deux pôles [1]. Émissions de TV, blogs, bonnes pages, forums de discussion, il y a de l'obscénité dans l'air. Les « dessous » se montrent sans trop de honte. L'exhibition, sous ses diverses formes, est à l'ordre du jour.

Il n'y a donc pas lieu de s'étonner, et surtout pas de se scandaliser, si le chef, dont j'ai dit qu'il devait « suivre », s'ajuste à ce vaste spectacle. Employons ce terme d'une manière non péjorative, car il s'agit là d'un lieu commun de la sagesse populaire, connaissant l'importance du *theatrum mundi*. Le théâtre se capillarise dans l'ensemble

1. Michel Maffesoli, *Iconologies, nos idol@tries postmodernes*, Albin Michel, 2008, p. 71.

de la vie sociale, le spectacle envahit la vie. Le spectacle de rue est de mode. Il est donc normal que le président de la République s'en instaure le régisseur. N'est-ce point cela le sens originel du mot « liturgie » (*leiturgia*) qui désignait le « service public » de la cité ?

L'amour et le désamour, voilà ce qui, sur la longue durée des histoires humaines, a constitué l'essentiel du théâtre. D'où la mise en scène de la famille, des enfants, de l'épouse lors des conventions politiques et autres parades à l'américaine. Que ce soit au Zénith, place de la Concorde, au Fouquet's ou sur le perron de l'Élysée, c'est dans le cadre général de la commedia dell'arte qu'il faut placer les séquences Cécilia et progéniture. Mais c'est également dans ce même cadre qu'il faut apprécier l'épisode de Disneyland, celui de la « fuite en Égypte » et autres « hauts lieux », tel celui de Pétra en Jordanie où Cécilia se réfugia un temps. Dans tout conte de fées, il y a une princesse qui, en général, survient de manière impromptue. Là aussi il y eut un nouveau coup de foudre, habilement orchestré. « Carlita » c'est « l'amour fou », ce qu'André Breton nommait le « hasard objectif ». « Ça » devait nécessairement arriver. L'aventure est au coin de la rue[1]. Et cela, on ne le cache plus, honteusement, mais, on l'exhibe car, de *Dallas* à *Plus belle la vie*, voilà des péripéties de l'existence qui font rêver dans les chaumières. Il faut noter d'ailleurs que cette exhibition n'a de l'innocence que l'apparence. Toutes les informations intimes sur le président ne sont pas bonnes à publier, comme l'a appris à ses dépens le directeur de l'hebdomadaire *Paris Match* qui publia la photo preuve de l'adultère de Cécilia. Et si les journalistes sont invités « dans l'intimité » de l'Élysée ou de La Lanterne, ils n'ont pas accès à la « vraie maison privée » qu'habitent le président et sa femme, à Paris.

Tout cela est de bonne guerre et entre en écho avec la réversibilité des « fiancées », le nombre des divorces, l'importance des familles recomposées ou élargies, voire des familles « incertaines » propres aux sociétés contemporaines. On continue dans nos pauvres universités à enseigner une « sociologie de la famille » bien désuète, alors que la gestion du sexe prend des formes on ne peut plus diverses. C'est chose empiriquement connue.

1. Pascal Bruckner, en coll. avec Alain Finkielkraut, *Au coin de la rue l'aventure*, Le Seuil, 1977.

C'est chose vécue, *concreto modo*, par nombre de nos dirigeants. Le président n'y échappant pas, en bonne tactique il exacerbe un tel phénomène.

La romance avec Carla s'inscrit dans ce paysage. Elle est d'une grande banalité. Banalité en son sens fort : ce qui constitue la culture quotidienne. Le *fall in love* au cours d'un dîner, c'est exactement ce dont parlent, de longue mémoire, les contes et légendes ayant baigné les rêves de maintes et maintes générations.

De surcroît, la Princesse est fortunée. D'une *fortune* plurielle, cela s'entend. La déesse Fortuna et sa corne d'abondance lui a prodigué ses biens. Outre l'argent, les fées se sont penchées sur son berceau et l'ont pourvue de multiples dons. Elle sait chanter, jouer, déambuler. Elle a de la tenue. Toutes choses qui, photographies et télévision aidant, se diffusent dans les foyers. Attisant les rêves, éveillant des espoirs, suscitant mimétismes et admirations. En France, mais également à l'étranger, combien de fois n'a-t-on pas entendu louer les mérites de la Première Dame de France ?

La beauté enfin ! Car elle en est largement pourvue. Le temps ne semble pas avoir de prise sur elle. C'est l'archétype même de la jeunesse éternelle ; comme dans la mythologie, la Princesse est toujours belle. Beauté rendant visible une force souterraine qui va irradier le Prince élu. Aventure, fortune, beauté, voilà exactement ce qui hante les rêves de tout un chacun. Là encore, la banalité de la situation a fait de Sarkozy le haut-parleur, le « haut-viveur » des rêves et des espoirs quotidiens. Il était donc normal, salutaire et même nécessaire que cela se voie. La société du spectacle, c'est cela aussi : cette capacité à cristalliser les attentes communes. Ce n'est pas dire et montrer ce qui est vrai, la Vérité majuscule, mais bien ce qui pourrait être vécu par tout un chacun. Les dieux de l'Olympe avaient cette fonction, les totems des tribus primitives aussi : conforter le lien social à partir du mécanisme de *projection.* « J'en suis » un peu de cette richesse, de cette beauté, de cette fortune. En les voyant, peu ou prou, je *participe* magiquement à ce qu'ils sont. Voilà, encore, à l'encontre de ce que pensent certains esprits aigris, une évidente manifestation du *réenchantement du monde.*

Voilà qui témoigne de la proximité d'avec les gens de peu. Et cela va de pair avec l'abandon de cette langue quelque peu guindée par laquelle on reconnaît, tout de suite, les hommes de pouvoir. Machiavel, en deux expressions bien senties, fait une heureuse distinction entre la « parole du palais » et « celle de la place publique ». Quand le désaccord est trop important, il n'y a plus de communication possible. La langue de bois des nomenklaturistes communistes étant la forme exacerbée du fossé existant entre les propriétaires de la société et ceux qui se contentent d'y vivre.

Abandonnant le langage soutenu du palais et utilisant un langage familier, parfois truffé – volontairement, en vérité – de diverses incorrections, le président, d'une manière naturelle, se rapproche de la « place publique ». Cela a pu lui être reproché. Et les noms d'oiseaux – encore le fameux populisme ou pire, la démagogie – fusent de toutes parts. Il n'en reste pas moins que cela a longtemps fasciné les Français. Le fait d'interpeller les personnes rencontrées pour la première fois comme s'il les connaissait de toujours n'est pas sans effet. La première émission de télévision dans laquelle le président fit face à un prétendu « panel représentatif des Français » fut en ce sens une performance. Ce jour-là, sur TF1, en 2010, le président parlait d'égal à égal avec des « gens du peuple » : peu d'entre eux avaient fait des études supérieures, aucun n'occupait une fonction dirigeante, le seul enseignant était professeur dans un collège professionnel et non titulaire. Tel un lutin magicien,

Nicolas Sarkozy posait le bras sur son interlocuteur, se permettait d'appeler les femmes (elles seulement, d'ailleurs) par leur prénom, promettait tout et son contraire et notamment des solutions parfois plus ou moins en contradiction avec les politiques suivies par son gouvernement. Vulgarité, démagogie ou simplicité, familiarité ? À quelques exceptions près – la scène fameuse du Salon de l'agriculture, ou le face-à-face avec des contestataires musclés et injurieux dans un bain de foule – il faut reconnaître qu'une telle proximité, bien sûr jouée, passe bien. C'est le deuxième « corps du roi » que l'on a presque touché. Et qui sait ? il pourrait aussi guérir des écrouelles ! L'agricultrice de l'émission de télévision ne demandait qu'une chose, comme l'infirmière du service des urgences : que le président vienne les visiter.

L'intime « ex-timisé », un parler commun, des mœurs pouvant être celles de tout le monde, voilà ce qui rend le président en accordance avec l'esprit du temps. Instinctivement, il sent bien ce dernier. Animalement, il le vit.

Même les prétendues frasques, telle la fameuse soirée du Fouquet's le soir de l'élection présidentielle, ou les vacances luxueuses qui suivirent sur un yacht privé ne sont pas les faux pas que l'on dit. Ils peuvent être ressentis comme tels par ces nigauds emphatiques constituant une intelligentsia, dont j'ai déjà signalé le moralisme invétéré. C'est également perçu comme une faute de goût par une bourgeoisie soucieuse de réserve et de modération, dont le poil est hérissé par une trop grande ostentation des signes extérieurs de richesse. Les classes dirigeantes ont toujours eu le sens de l'économie (pingrerie ?).

En revanche, le tape-à-l'œil ne déplaît pas forcément à ceux qu'ils nomment, avec ce mépris plein de retenue, « les gens ». Le fameux « bling-bling » du président n'est pas sans rappeler le kitsch (ce qui en allemand signifie « toc ») qui, tout en étant considéré comme vulgaire, n'en est pas moins pour beaucoup synonyme d'une représentation du bonheur[1]. Ainsi, montres voyantes et vacances de rêve, cela fait arriviste ou nouveau riche. Mais si cela déplaît à la vraie bourgeoisie et à l'intelligentsia bobo de gauche, cela suscite apparemment un accord implicite d'une part non négligeable de la population.

Ce qu'on pardonnera peut-être moins au président, ce sont les dérapages et les « incivilités » de

1. Cf. Abraham Moles, *Psychologie du kitsch, l'art du bonheur*, Denoël-Gonthier, nouv. éd. rév. 1976.

ses ministres. Qu'Éric Woerth favorise, grâce à son pouvoir, son épouse suscite plus de critiques que les décisions prises par le président pour plaire à la sœur de Carlita, par exemple son refus d'extrader une ressortissante italienne, inculpée de terrorisme, par ailleurs malade. Quand un ministre se voit octroyer un permis de construire qui serait refusé à tout autre Français – et l'on sait que le peuple est fondamentalement critique vis-à-vis du maquis formé par les règles de l'urbanisme –, c'est critiquable bien plus que quand Sarkozy profite de sa fréquentation des grands de ce monde pour mener une vie de nabab. Faites ce que je dis, ne faites pas ce que je fais : en tançant ses ministres pour qu'ils soient irréprochables, le président affirme encore une fois son caractère sacral.

Le paroxysme est, méthodologiquement, fort utile à la compréhension des phénomènes sociaux. La caricature permet de faire ressortir des caractères physiques ou spirituels qui sans cela passeraient inaperçus. La procédure idéal-typique, en sociologie, est particulièrement pertinente pour saisir les aspects essentiels d'une époque donnée. C'est peut-être cette exagération que Marcel Proust soulignait en faisant ressortir que « toute grande œuvre doit contenir une part de grotesque ». Ainsi la taille, l'activisme, la *vulgarité*, la mise en scène de l'intime, tout cela plus qu'une tare lourde à porter peut être considéré comme l'expression d'un *dynamisme* ; en son sens fort, une force qui porte ses fruits dans l'opinion publique.

Hegel voyant passer le petit Napoléon le Grand, tout cambré sur son cheval, pensait voir en marche l'« *animus mundi* ». Cette âme du monde ne tenait pas simplement à ce qu'était, en tant qu'individu, l'Empereur, mais bien en ce que, au-delà de sa personne, il avait su capter l'esprit du temps. *Mutatis mutandi*, il n'est pas déplacé de dire quelque chose de cet ordre à propos du président.

En effet, à l'encontre de ce qu'il est convenu de croire, le génie n'est pas « puissant et solitaire ». Il est partie prenante de la *gens*, des masses populaires, lui servant de terreau. Le génie est celui qui sait cristalliser les valeurs du peuple qu'il représente, il est une caractéristique collective. C'est uniquement à partir d'une forme d'osmose que son enracinement peut devenir dynamique : c'est-à-dire que, tel le Petit Poucet, il peut baliser la route avec des cailloux lui permettant de s'orienter. Malgré les turbulences des sondages, c'est parce qu'il est en phase avec le peuple que Sarkozy est autant détesté par l'opinion publiée.

5.

Le syndrome du cheval de Troie

L'élection d'une figure libérale à l'Élysée, donc nécessairement diabolique, a mis en relief le changement de *climat historique*, la mutation de fond que devraient repérer les analystes sérieux. Et pourtant, conspiration du silence, dénégation, les observateurs et les acteurs sociaux, chercheurs, journalistes, politiques sont étrangement muets sur le changement d'atmosphère culturelle affectant notre temps. Il n'en reste pas moins que ce changement est là, brutal, total, perturbateur. Et n'a rien à voir avec les commentaires politiciens dont continuent à nous rebattre les oreilles les médias classiques et même ceux qui se disent innovants.

C'est dans un tel *climat* qu'il n'est pas inutile d'avoir un président par « gros temps ». Et Sarkozy, à bien des égards, l'est, en ce qu'il a su gérer au mieux un ensemble de situations sans trop de concessions aux conformismes ambiants.

Il a impulsé, parfois *a minima* certes, des réformes qui n'étaient pas contestables du point de vue de leur opportunité (autonomie des universités, réforme des retraites, libéralisation de certains carcans administratifs, voire du droit social) et qui ne sont pas contestées en tant que telles par l'opposition.

Mais tout d'abord, quelques mots sur ce qu'il est convenu d'appeler « la crise ». Il s'agit là d'un terme passe-partout qui, la plupart du temps, est employé pour éviter de penser, au fond, le changement évoqué. En effet, si tant est qu'elle existe, la crise est, en son sens étymologique, *indice* (index) d'une mutation ne se résumant en rien à l'économie ou à la finance.

Elle est signe, peut-être faudrait-il dire « intersigne », c'est-à-dire présage, de la métamorphose en cours : mort d'une certaine manière d'être et de penser et, dans le même temps, résurgence d'autres formes du vivre-ensemble. Mais, lorsqu'on regarde sur la longue durée les histoires humaines, il faut savoir que lorsque s'opèrent de telles mues, l'émergence d'une peau nouvelle est précédée de longs crépuscules, d'une lente agonie.

Nous y sommes. Et c'est cette déliquescence que l'on a pris l'habitude, faute de mieux, de nommer « crise ». Elle n'est que la conséquence logique, inéluctable, de la progressive pauvreté spirituelle, propre aux temps modernes. De tout temps, les historiens ont observé l'étroite liaison existant entre la richesse matérielle et la déshérence spirituelle. C'est ce qu'ils ont nommé décadence.

Il n'est d'ailleurs pas inutile de rappeler que cette crise (*crisis* signifiant en grec jugement) est venue de l'extrême Occident, les États-Unis, qu'avec lucidité Étiemble appelait rudement « bâtard de l'Occident ». Bâtard en ce que ce pays n'a pas de spécificité tranchée : à la fois moraliste, sentimentalement religieux et plein d'arrogance économique et militaire. Ce qui est la particularité des empires arrivés au faîte de leur puissance et, déjà, près de s'effondrer. C'est cet Occident extrême qui a donné le coup d'envoi (et le nom, comme en 1929) d'une crise se réduisant à la finance. Celle des subprimes pour ne pas les nommer.

L'intelligence profonde des choses nous oblige à reconnaître l'existence d'un changement de paradigme ; celui du mythe du Progrès. Personne, au fond, ne croit plus à une amélioration continue de la société et de la condition humaine. En tout cas, pas au prix d'une croissance à tout prix. Mais on est au cœur de ce moment charnière dans lequel de nouvelles croyances, de nouveaux mythes n'ont pas encore entièrement été formalisés. Si bien que d'aucuns ont l'impression de se retrouver dans une impasse, ce que l'on nomme crise. Il y a deux attitudes possibles, lorsqu'on se retrouve dans un cul-de-sac : reculer pour avancer à nouveau, et se heurter encore et toujours à l'absence de sortie, ce qui me semble être l'attitude incantatoire de ceux qui continuent à prôner les projets, les paris sur l'avenir meilleur, à espérer ce qui doit se réaliser dans un hypothétique avenir ; soit rebrousser chemin, revenir tranquillement à son point de départ pour tracer un autre chemin, ce retour aux origines que certains ont nommé « *Ingrès*[1] ». Non pas une régression, mais une ingression, non pas un retour au passé, mais un attachement au présent. S'attacher au présent, faire « ingression » dans la « Terre Mère », cette Dame Nature dont on a tant saccagé les atours.

---

1. Jean-Didier Vincent, *Élisée Reclus*, Robert Laffont, 2010 et Michel Maffesoli, *Matrimonium. Petit traité d'écosophie*, CNRS éditions, 2010.

Contre la suffisance des économistes, peut-être faut-il retrouver l'attitude nécessaire. S'attacher à cette *nécessité* de suivre les métamorphoses du Réel, voilà ce qui est vital. Et ce, contre les rigidités doctrinales de tous ordres. Car l'on commence à s'en rendre compte, les conflits, désordres, effervescences ont toujours une origine spirituelle et naissent quand les choses sont incertaines. En bref, la saturation du mythe du Progrès induit une profonde mutation dans la conception de l'État et du service public[1].

Ce détour un peu théorique était nécessaire pour comprendre, en ce « gros temps », l'action de ce président. D'une manière parfois ambiguë, partagé, voire déchiré entre des conseillers aux sensibilités différentes, obligé à des compromis ou des compromissions, il s'est tout de même employé à détricoter l'État. Cela n'a pas vraiment

1. Pour ceux qui veulent approfondir cela, je renvoie à ce que j'avais nommé en son temps *La Violence totalitaire*, où je faisais la critique du Progrès et du service public. Ce livre de 1979 a été réédité plusieurs fois. Dernière parution, in *Après la Modernité ?*, CNRS éditions, 2009. Cf. également le livre d'Hélène Strohl, *L'État social ne fonctionne plus*, Albin Michel, 2008.

été reconnu en tant que tel et peu revendiqué, si ce n'est au début du quinquennat avec le grand projet de Révision générale des politiques publiques, la RGPP bien connue, désormais, d'un (petit) cercle de fonctionnaires. Elle s'est d'ailleurs réduite, faute d'ambition, à quelques coupes budgétaires maladroites et finalement peu pensées. Il n'en reste pas moins que c'était la position initiale. C'est d'ailleurs ce qui a été diagnostiqué par les divers opposants à ce projet, qui ont repris l'antienne de la défense du service public, de ses agents méritants et la revendication de plus de moyens (pour les écoles et les hôpitaux bien sûr). Sans d'ailleurs que ces demandes reposent sur une analyse rationnelle de ces organisations.

Il faut être bien naïf, ou englué dans des idéologies fleurant leur XIXe siècle, pour affirmer qu'il y a un « sens » à l'histoire ; à l'Histoire avec un grand *H* ! En fait, Sarkozy tente de s'ajuster, tant bien que mal, à ces temps incertains, en suivant le va-et-vient des situations, en s'accordant empiriquement à ce qui se *présente*. C'est-à-dire ce qui est présent et non à venir. Au risque d'en faire grimacer plus d'un, je l'ai déjà dit, j'y reviendrai, il y a du « situationniste » chez ce président. Et comme ce mouvement radical, il s'emploie à faire reculer l'État. Les situationnistes ont en effet mis en lumière dans l'histoire des XIXe et XXe siècles ces constantes qui ont mené du projet d'une cité radieuse à la mise en place d'un « État prolétaire » et de sa bureaucratie totalitaire. Mais ces ferments se trouvaient déjà dans la construction du service public étatique à la française, avec sa violence douce, mais sévèrement centralisatrice, contre lequel les revendications régionalistes, linguistiques ou, parfois, écologiques sont une réaction significative[1].

De même, contre le tempo du « sens de l'Histoire », fondement des théories de l'émancipation ayant accompagné la mythologie du Progrès, Sarkozy est, essentiellement, pragmatique, voire *relativiste*. Pour le dire en des termes plus soutenus, le pragmatisme d'une attitude qui « fait avec » les événements comme ils viennent s'oppose à l'aspect volontariste et en quelque sorte artificiel, construit en tout cas, du Contrat social, à son rationalisme aussi, et met plutôt l'accent sur la croissance spontanée des sociétés. À l'opposé

1. Cf. *La Violence totalitaire, op. cit.*

du Contrat, le Pacte. L'instinct plus que la raison. Le lien social, la vie économique reposent sur l'assentiment tacite du peuple. Toutes choses que l'on retrouve chez Joseph de Maistre, dans ce qu'il prônait sous les termes de « politique expérimentale » qui, sans se préoccuper des lois générales, s'attachait à une « science des détails[1] ». Un tel pragmatisme politique, ne l'oublions pas, était aussi la spécificité du général de Gaulle qui alliait la vision lointaine et le sens de l'immédiat.

Une telle *expérimentation*, le président l'a tentée à propos de l'ouverture des commerces le dimanche. On se souvient que traditionnellement, le fameux (et parfois décrié) café du commerce (tout comme les places du commerce que l'on retrouve partout en Europe) était un lieu où s'effectuait l'*échange*. De même, rappelons qu'avant et après l'office dominical, la place de la cathédrale et son pourtour étaient le lieu d'un échange généralisé : biens, idées, affects. Et l'Église, certes fort tardivement, a non seulement toléré mais encouragé foires, marchés, et autres

1. Cf. Émile Dermenghem, *Joseph de Maistre mystique. Ses rapports avec le martinisme, l'illuminisme et la franc-maçonnerie*, Éditions La Colombe, 1946, p. 224-225.

occasions de commerce social. Sans oublier, bien sûr, les spectacles, les pantomimes et les mystères, moments d'intense communion, vecteurs de socialité. Le lien entre l'échange religieux et l'échange des biens, la rencontre utilitaire et la rencontre symbolique est un invariant anthropologique que l'on retrouve aux abords de tous les temples du monde.

Ce n'est que progressivement, sous l'emprise d'une rationalisation du travail, en particulier à partir du XIXe siècle, que les syndicats et les partis politiques, dans un légitime souci de réguler le temps voué à la production par rapport à celui de la reproduction, ont lutté afin que les horaires de travail soient strictement encadrés. Encadrement qui va de pair avec l'instauration d'une coupure stricte entre la sphère privée et la sphère collective et qui accompagne le repli sur la cellule familiale restreinte. Rappelons que c'est une telle rationalisation de l'existence qui a abouti à ce que Max Weber, on ne se lassera jamais de le rappeler, a nommé le « désenchantement du monde ».

L'intuition de Sarkozy, en prônant l'ouverture des commerces le dimanche, c'est que mutation il y a. Le temps contraint n'est plus ce qu'il était. La pénibilité du travail est, en Europe, étroitement surveillée. La vie familiale et les échanges auxquels elle donne lieu revêtent des formes multiples : ainsi, des parents se retrouvant « sans enfants » un dimanche sur deux, des grands enfants préférant aller voir leurs vieux parents en province, pour un séjour de trois jours, plutôt qu'un dimanche sur deux, des étudiants menant de front un travail rémunéré et des études, des personnes âgées s'ennuyant particulièrement le dimanche après-midi quand les foyers sont refermés sur les familles et les personnes isolées sans « commerce » possible. Il faut bien le comprendre, les lieux d'échange, de commerce, de circulation, de rencontre, ces espaces sociaux sont tout à la fois des moments de *récréation* et de *recréation*. Non pas seulement pour satisfaire un besoin individuel, un besoin matériel, mais bien pour régénérer le corps collectif.

C'est le poète et romancier André Pieyre de Mandiargues qui, décrivant l'animation et la vitalité de la ville de Barcelone, disait : « On aime la vie à la mesure de l'amour que l'on porte au marché. » Remarque aiguë et judicieuse, en ce qu'elle rend attentif à la dimension globale de l'échange. L'économie ne peut être « relancée » que si on la situe dans un cadre plus vaste, dans lequel l'immatériel trouve sa place et joue son rôle, qui n'est pas négligeable. L'échange est symbolique et le commerce est une des formes de cet échange.

C'est en ce sens que contre les régulations étatiques d'un autre âge, l'ouverture des magasins le dimanche – des magasins, mais aussi des bibliothèques, des équipements sportifs, musicaux, culturels – peut permettre l'expression de la vitalité sociale et être un bon adjuvant d'une amélioration du vivre-ensemble. Peut-être même signifier ce *réenchantement du monde* dont il est fréquent, chez les rationalistes d'un autre âge et divers grognons cacochymes, de dénier les manifestations, mais qui, d'une manière têtue, sourd par tous les pores du corps social.

Il suffit à cet égard de sortir de l'Hexagone, de se promener le dimanche à Mexico, São Paulo, Séoul, New York, ou Rio, pour prendre le pouls d'un tel vitalisme dans les rues et sur les marchés de ces villes. Dans les grands *malls* américains – dont l'origine, ne l'oublions pas, remonte aux « mails » du sud de la France, où l'on déambulait et l'on échangeait en tous sens –, l'achat est un élément certes non négligeable, mais qui est complété par le fait de frôler, de draguer, de rencontrer l'autre. On est bien là au cœur de l'échange en son sens global et humain. Le marché, qu'il faut ici comprendre à la fois au sens strict et en son sens métaphorique, est le lieu de la discussion, de la circulation des idées, religieuses, politiques, philosophiques, en bref ce qui constitue l'imaginaire collectif.

Les politiques de tous bords ne s'y trompent d'ailleurs pas, qui continuent, malgré le recours à des techniques bien plus sophistiquées, à « tracter » sur les marchés, le samedi et le dimanche.

Sarkozy n'est pas totalement arrivé à convaincre de la nécessité de laisser respirer la société, y compris le dimanche. L'enfermement dogmatique d'origine syndicale qui opprime le corps social n'a pas permis que cela aboutisse. Mais, suivant la manière pragmatique dont j'ai parlé, un pas a été franchi et l'on peut penser qu'il en initiera d'autres, permettant que notre pays ne soit pas simplement un mouroir pour personnes âgées.

Même en Europe, la France fait toujours figure de retardataire, qui pratique encore des horaires stricts, dédiant le jour au travail et la nuit au sommeil, et qui ne laisse ouverts la nuit ni les transports, ni les bibliothèques publiques, ni les parcs et jardins au contraire de pays pourtant plus marqués par une tradition religieuse et familialiste comme l'Allemagne. Pour l'heure, quelques dérogations au sacro-saint repos du dimanche ou à la fermeture nocturne ont été gagnées, mais il s'agit là d'un premier pas tactique.

Il s'agit là d'un exemple, parmi bien d'autres, de ce que j'appelle le syndrome du cheval de Troie. Tactique de ruse, permettant sans trop heurter les habitudes réglementaristes d'un État jacobin, sans trop émouvoir les centrales syndicales, gardiennes sourcilleuses et ultra-rigides des fameux « avantages acquis », de s'ajuster aux évolutions de la vie et à sa nécessaire flexibilité. Mais, les résistances à la réforme étant considérables, il faut faire des avancées puis des replis tactiques en vue d'un nouveau départ.

Avancer sans trop le claironner, réformer « en douce ». N'est-ce pas ainsi qu'une partie de la loi des 35 heures a été remise en question dans la sphère privée, en autorisant les employeurs à faire travailler leurs salariés au-delà de 35 heures, payées en heures supplémentaires défiscalisées ? Occasion saisie par nombre d'employés à bas salaire, qui, de toute façon, n'avaient pas bénéficié de cette réforme, essentiellement appréciée par les cadres et la fonction publique. De même, certains ont pu, à juste raison, critiquer le recul du président, qui, après un déjeuner avec un président de l'Unef (représentant au mieux 5 % des étudiants, mais très courtisé par les médias), a accepté de reculer le moment de la sélection universitaire du master I au master II.

La France est, en effet, le seul pays ayant conservé cette distinction, quand tous les pays européens appliquent un système en trois, cinq, huit ans d'études – licence, master, doctorat. Mais force est de constater que pour la première fois, une forme de sélection est admise à l'entrée à l'Université et que si des enseignants peu scrupuleux en ont profité pour ne pas faire cours pendant six mois tout en étant payés, les manifestations de rue ont été très sporadiques. Quant à la réforme si combattue des retraites, le président a prouvé un véritable art du combat au jour le jour. En effet, là encore, ce qui était important n'était pas tant d'assurer la survie du système au-delà des cinq à dix ans à venir, ce que revendiquaient paradoxalement les principaux opposants à la réforme, mais d'affirmer qu'il était possible de remettre en question, y compris et peut-être essentiellement, des mesures symboliques, telle la retraite à soixante ans. C'est donc une tactique du coin enfoncé dans la porte ou, si j'ose dire, du cheval de Troie, qui impulse le mouvement plutôt qu'un changement raisonné.

Cela, dans le meilleur des cas. Car on peut aussi considérer que le président roule comme le vaisseau dans la tempête : sans boussole ni gouvernail. Cela se peut. Mais est-ce bien utile de tenir le cap ? À certains moments, il suffit de tenir, tout simplement. Ce qui peut étonner. On le sait, l'étonnement n'est jamais loin de l'admiration. Et il est possible qu'une attitude, que la tribu médiatique ou les clans politiques d'opposition qualifient de gyrovague, soit, en fait, en parfaite congruence avec l'esprit du temps qui, qu'on en soit ou non conscient, met l'accent sur le présent. Voire sur l'instant, autre manière de dire la prévalence de l'éphémère, de l'aléatoire. Ceux qui ne pensent qu'en fonction de l'Histoire ont du mal à comprendre que parfois c'est le destin qui prévaut. Le destin, c'est l'aventure, le *bon coup* ou encore l'illumination, l'imprévisibilité de ce que le bouddhisme zen nomme le *satori*.

Le syndrome du cheval de Troie est l'un des indices du retour du tragique dans nos sociétés. Et le président Sarkozy en est, à bien des égards, le modèle achevé. En effet, dans la société en mutation profonde (le célèbre mais peu analysé *changement de paradigme*), tout est mobile, les valeurs sociales sont relatives, changeantes. La vie affective du peuple est aussi folle que celle des individus qui le composent. Il y a du nomadisme dans l'air du temps. Mais caparaçonnés dans nos certitudes théoriques (rationalisme, progrès, projet), nous avons du mal à admettre les incertitudes propres à la condition humaine et l'aspect transitoire et passager de toute chose.

6.

Une présidence sous le signe du tragique

Ici s'impose, à ce stade, une précision sémantique. Car le sens des mots participe à l'amélioration des mœurs. Encore faut-il, comme le dit Mallarmé, « donner un sens plus pur aux mots de la tribu ».

Il y a des couples de mots utilisés sans grande distinction, l'un pour l'autre, l'un servant de redondance à l'autre, l'un censé compléter l'autre : morale/éthique, État/nation, contrat/pacte. Ce qui entraîne une imprécision lourde de conséquences. Ainsi du couple drame/tragédie. Termes on ne peut plus opposés et renvoyant à des états d'esprit radicalement différents. Je m'en suis expliqué, voilà une décennie[1].

1. Michel Maffesoli, *L'Instant éternel. Le retour du tragique dans les sociétés postmodernes*, La Table ronde, 2003.

Le drame, au plus près de son étymologie, est ce qui se déroule vers un but assuré de lui-même. Il a une finalité. On peut être sûr qu'il y aura une solution. Une résolution de tous les problèmes. L'expression logique en est la dialectique hégélienne qui, dans un mécanisme ternaire – thèse, antithèse synthèse –, assure un dénouement heureux aux diverses situations individuelles ou collectives. Marx dans *La Question juive* avait résumé en une formule un tel optimisme ontologique : chaque société ne se pose que les problèmes qu'elle peut résoudre. Dans un livre d'une rare densité, mais peu connu, Jean Baudrillard, avec la lucidité qu'on lui connaît, avait, en son temps, montré en quoi cet « optimisme » avait servi de fondement au Progrès moderne et au « tout économique » qui en était l'*ultima ratio*[1]. C'est sur ce progressisme natif quelque peu naïf, et aveugle par bien des aspects, que repose la conception du politique chez les tenants de la modernité.

Tout autre, on l'aura compris, est le tragique, dans lequel s'inscrit, de mon point de vue, la présidence Sarkozy. Le qualificatif quelque peu

1. Jean Baudrillard, *Le Miroir de la production*, Denoël, 1973.

savant « aporie » renvoie à ce qui n'a pas de solution (*a porein*). Le dictionnaire y voit une contradiction insoluble dans le raisonnement et l'action. Le stoïcien est tragique lorsqu'il déclare : ce sur quoi je ne peux rien me devient indifférent. Il s'agit là d'une attitude paroxystique. Mais non moins tragique est la position existentielle ou politique consistant à s'ajuster, à s'adapter aux choses, aux situations, aux gens. La sagesse populairc l'a formulé à sa façon : on ne commande à la nature qu'en lui obéissant.

Il ne s'agit pas de passivité, loin de là. Il y a là une action qui, à l'image de la stratégie chinoise, ne s'oppose pas frontalement, mais tente de gagner en suivant la sinuosité ou la déclivité du terrain. Ou encore, en référence aux arts martiaux d'Extrême-Orient : faire d'une faiblesse une force.

C'est en ce sens que le président de la République, souvent accusé de frivolité, est, au contraire, un homme tragique. Et ce qui est qualifié d'activisme brouillon, par les protagonistes d'une « politique dramatique » (tactique, stratégie, but à atteindre, solution à trouver), est plutôt un ajustement au coup par coup, à ce qui se présente, à ce qui « est-là ». *Praesens* en phénoménologie : étant devant. Toujours *là* où il convient d'être. Tout en étant conscient que cela ne réglera rien et qu'au-delà des rodomontades, déclarant ceci ou cela, proposant des solutions, on ne peut que trouver des palliatifs, des ajustements ponctuels et provisoires.

Jusqu'à proposer des solutions absurdes ou en tout cas dont il sait qu'elles ne pourront pas être appliquées, ni même inscrites dans la loi. Le jeu avec le Conseil constitutionnel est en ce sens une comédie bien rodée, dans laquelle le pouvoir propose une solution, souvent qualifiée de démagogique, voire de « fasciste » (qualificatif de plus en plus usuel, de plus en plus vide de sens), mais qui est en quelque sorte la réaction primitive de l'homme de la rue : s'ils ont été naturalisés et qu'ils sont criminels, on n'a qu'à les dénaturaliser ! S'ils téléchargent illégalement, on n'a qu'à leur supprimer Internet. S'ils ne se tiennent pas tranquilles, on n'a qu'à les renvoyer dans leur pays. Toutes solutions que, sans doute, pas plus le président que l'homme du peuple ne souhaiteraient appliquer réellement. Pure incantation, verbiage en quelque sorte, pour faire passer la colère. Comme un enfant qui trépigne, jusqu'à « déclarer la guerre » dans son propre pays.

Lévi-Strauss a bien montré ce que la culture des sociétés primitives qu'il étudiait devait au « bricolage » comme forme d'accordance au monde et aux autres, à l'environnement social et à l'environnement naturel. C'est un tel *bricolage tragique* qui peut caractériser la « non-action agissante » de Sarkozy en temps que président. Dans les « deux corps du roi », le « corps politique » représente et cristallise la communauté. Autant on peut dénigrer le « corps naturel », autant le corps politique ne se laisse pas atteindre par les lazzis. Tout simplement, parce qu'il *correspond* à ce que le philosophe Alfred Fouillé nommait « l'idée-force » du temps[1]. En la matière, dans la sagesse populaire, que « la vie est ce qu'elle est », qu'« il faut faire avec », et l'on pourrait enrichir ce florilège.

Mais être en phase avec l'idée-force d'une société comporte quelques écueils d'importance. Le principal est d'ordre sémantique.

L'idéal républicain avait pour fondement le Contrat social républicain. Ne voulant pas voir la mutation en cours, les élites restent obstinément fidèles à ces idéaux et obstinément fermées à tout ce qui ne rentre pas dans ce carcan idéologique.

1. Alfred Fouillé, *La Psychologie des idées-forces*, 1893.

Or ce sont elles qui, par institutions, médias, commentaires interposés, vont, au moyen en particulier des sondages, constituer ce que j'ai nommé l'*opinion publiée*. Celle qui est censée faire autorité. Selon l'adage proposé par le sociologue américain R.K. Merton – *the self fulfilling prophecy* –, ils sont sûrs de l'autoréalisation de ce qui n'est que prophétie de pacotille. C'est péremptoire, suffisant, mais non nécessaire. En prise avec un supposé principe de *réalité*, ils ne voient pas ce qu'est le *réel*. Leur centre d'intérêt est ce que les philosophes italiens nomment *parrochialismo*. Défendre une paroisse en déshérence : le *républicanisme*. Il est à noter que leurs divers bulletins paroissiaux (quotidiens ou hebdomadaires « de référence »…) ne font plus recette. Ne l'oublions pas, la lecture du quotidien était pour Hegel la prière matutinale de l'homme moderne ; Internet l'a sacrément démonétisée.

Plus complexe est le péril concernant les deux protagonistes supposés être en phase : le peuple et le président, ou, pour prolonger la métaphore, l'opinion publique et le « corps politique » du roi. Situation délicate, car il y a contradiction entre « l'idée-force » qui les meut et leur manière de la traduire. Il s'agit là d'un phénomène récurrent dans les histoires humaines : lors de changements d'envergure, il est difficile de prendre conscience et ensuite de verbaliser ce que l'on vit. Ou plutôt, on continue à faire référence aux idées et aux mots que l'on a appris, sans se rendre compte qu'ils sont pour le moins désuets, inadéquats, parfois en totale contradiction avec le vécu quotidien. Un fin théoricien des phénomènes sociaux, Alfred Schütz, a bien montré ce besoin inextinguible de puiser dans le *stock of knowledge at hand*, le stock de connaissances que nous avons à notre disposition, même lorsque celui-ci est, totalement, non pertinent[1].

En ce sens, les discours de Sarkozy sur les problèmes de violences dans les banlieues et dans les cités ou dans les communautés de type Roms témoignent exactement de ce phénomène de déphasage entre les mots et les solutions et le réel. Renvoyant les causes des violences à un défaut d'intégration, le président a l'intuition de la difficulté qu'il y a à trouver de nouvelles formes de régulation du vivre-ensemble, et pressent que les solutions ne peuvent être que communautaires.

1. Alfred Schütz, *Le Chercheur et le Quotidien*, Klincksieck, 2008.

Mais l'élaboration de la solution relève d'une bien ancienne conception du contrôle social : celui-ci ne pourrait être assuré que par les grands appareils d'État, la police, la Justice, l'asile, toutes institutions qui, ainsi que l'a bien montré Michel Foucault, ont construit l'ordre social de la modernité. L'époque postmoderne que nous vivons requiert d'autres formes d'intervention contre les comportements déviants ou agressant la collectivité. C'est au niveau de chaque territoire, de chaque communauté, que celle-ci soit ethnique ou territoriale, qu'il convient de susciter des formes propres de régulation, de contrôle social. De manière à ce que chaque individu qui n'est plus canalisable par une morale transcendante ou un pouvoir panoptique (qui voit et surveille tout) soit renvoyé à son appartenance collective, à la loi des pairs ou des frères.

Ainsi est-il des mots que le président ne peut pas ne pas employer, que le peuple ne peut pas ne pas écouter. Même si ce ne sont d'une part que des incantations, simplement proférées, incantations que d'autre part on aime *écouter* sans les *entendre* vraiment. Ainsi est-il dit : sécurité, projet, valeur travail, pouvoir d'achat, sérieux de l'existence, régulation économique, alors que l'on aimerait parler et entendre : aventure, présent, création, plaisir, hédonisme et autre consumation de l'existence. Il s'agit là d'une sorte de schizophrénie, momentanée, qui durera jusqu'au moment où l'on osera prononcer et entendre les mots congruents avec l'époque. Des mots qui deviendront paroles fondatrices du vivre-ensemble concret.

Voilà les deux écueils principaux. Celui, exogène, dressé par les élites (opinion publiée), est, somme toute, peu important. Il faut le signaler chaque fois que nécessaire, insister à temps et contretemps sur son déphasage, mais son influence est bien entamée. Et tel le colosse aux pieds d'argile de la mythologie, son effondrement n'est qu'une affaire de temps. La verticalité de leur *pouvoir* n'est rien, face à l'horizontalité de la *puissance* se mettant en place sur Internet.

L'écueil endogène n'est pas, non plus, dirimant, car l'on peut entendre derrière ce que l'on écoute plus que ce qui est dit. C'est cela même que les linguistes nomment connotation : il y a un au-delà de la signification première.

Le peuple « sent » bien la déconstruction de l'intérieur qui est en train de se faire. Et, *de facto*, il s'y résout. Derrière les « éléments de langage » proposés au président par quelques conseillers en communication qui tentent maladroitement de revenir à une correction politique, l'opinion publique ressent la justesse d'une parole et d'une action qui, à terme, vont s'ajuster au monde tel qu'il est, fort différent de celui que fantasmatiquement on aimerait qu'il soit.

La justesse n'est pas la justice, même si c'est celle-ci qui est hautement préférée et ardemment réclamée. Centrales syndicales, mouvements sociaux, imprécateurs nantis, « bobos » dorés sur tranche et moralistes de tous poils peuvent, à corps et à cris, revendiquer plus de justice et une justice pour tous. Ce ne sont que des barouds d'honneur qui, comme tous les combats d'arrière-garde, peuvent être vitupérants voire sanglants. L'actualité nous a donné et va nous en donner encore maints exemples.

La justesse, dont on ressent confusément la nécessité, c'est le retour de ce que Miguel de Unamuno nommait le « sentiment tragique de l'existence ». En la matière il n'y a pas une solution à tous les problèmes. Et on devine que l'État-providence, dont on avait espéré qu'il permettrait de gommer tous les accidents de la vie, a atteint ses limites ; que l'assistanat n'est qu'un palliatif ;

qu'il n'y a pas lieu d'attendre d'un pouvoir surplombant la prise en charge de toutes les avanies, qu'elles soient individuelles ou collectives.

N'est-ce point cela qui, au-delà des discours convenus, se dessine dans la vie publique : placer tout un chacun devant ses responsabilités, qu'il ait à répondre de lui et pour lui ? Responsabilité n'étant rien moins qu'individuelle, mais bien collective. Pour faire image, je dirais « tribale ». En ce qu'une telle responsabilité sécrète de nouvelles formes de solidarité et de générosité constituant, discrètement, un lien social bien éloigné du prétendu *individualisme* qui serait la marque de notre époque.

Voilà ce qu'est le bricolage tragique du temps, l'élaboration d'un vivre-ensemble venant du bas et n'attendant nullement sa validation par le haut. À la loi du Père, verticale (Dieu, État, institutions), se substitue une loi des frères, l'*afrèrement* d'antique mémoire, dont l'élément essentiel est l'horizontalité.

C'est un tel changement de topique, propre à la postmodernité[1], que l'on peut lire en filigrane

1. Je renvoie ici à mon récent livre, *Le temps revient. Formes élémentaires de la postmodernité*, Desclée de Brouwer, 2010.

dans la pensée et l'action du président Sarkozy. En son sens strict, le filigrane est ce dessin se trouvant dans le corps d'un papier et que l'on ne peut voir que par transparence. D'une manière imagée, c'est ce dont on devine la présence en arrière-plan ; ce qui n'est pas forcément explicité. On devine, on « sent », on pressent. Voilà des termes bien singuliers et peu satisfaisants pour des analystes ou divers commentateurs politiques. *A fortiori* pour les théoriciens rationalistes d'un Contrat social où prévalent l'économie et son principe de *réalité*. Et pourtant, c'est cela même qui caractérise au mieux l'ambiance « émotionnelle » du moment.

Puis-je rappeler que, lorsque Max Weber emploie ce néologisme (« émotionnel »), c'est pour décrire l'atmosphère mentale dans laquelle *baigne* une communauté. Et ce, à l'encontre du rationalisme qui est la caractéristique de la société. Dès lors, le chef est celui qui sait, au mieux, s'accorder à un tel climat, et trouvera les mots justes pour l'exprimer. On est là au cœur battant de l'attitude, de la posture, des mimiques, tics de langage et diverses familiarités qui sont les marques de fabrique de Sarkozy. Tout cela est traversé par une sensibilité émotionnelle. Les mises en scène compassionnelles sont du même acabit, qui voit président de la République, Premier ministre ou ministre de l'Intérieur accourir assister aux obsèques de chaque policier mort en service, apporter leur soutien aux familles des victimes des crimes les plus emblématiques, consoler les populations lors de chaque catastrophe naturelle.

On peut, certes, s'en offusquer et y voir des expressions de démagogie ou de populisme. Il n'en reste pas moins que c'est en cela qu'il est en phase avec le tragique postmoderne : on ne peut rien résoudre, mais on fait semblant. Et ce *semblant* est loin d'être négligeable en ce qu'il participe, d'une manière magique, à l'élaboration du vivre-ensemble. On l'a dit, de ce point de vue, le président est le *medicine man*, cristallisant les passions, émotions et divers affects qui vont de plus en plus s'exprimer dans la vie sociale.

Alors certes, il y a de l'ambivalence : il tient des discours semblant conforter un État s'occupant de tout. La préfectorale semble prendre le pas sur toute autre forme d'administration. De nombreuses nominations semblent bien hasardeuses. On a même pu dire que l'indépendance des médias semblait menacée. Il s'agit là de la tendance naturelle à tout pouvoir. Le *spoil system* américain est à cet égard moins hypocrite, qui accorde à un président élu une administration qui puisse accompagner la politique pour laquelle il a été élu.

On peut aussi reconnaître dans quelques cas montés en épingle non pas des affaires d'État, mais des accommodements avec un ensemble réglementaire qui, sans eux, ne manquerait pas d'être mortifère. Tant que cela n'est pas érigé en règle, il n'est pas sûr que quelques « arrangements » offusquent l'opinion publique. Les décennies passées ont plutôt montré que non. Et ce, parce qu'ils s'inscrivent dans l'atmosphère qui régule toute société et qui parfois – c'est certainement le cas pour notre époque – retrouve un rôle de premier plan.

« Donner un coup de pouce » à la carrière politique d'un fils, soutenir un ministre dont on vitupère les mœurs anciennes, appuyer la nomination d'amis ou d'affidés qui, à compétence égale, en valent bien d'autres sont des phénomènes mineurs comparés à des problèmes de bien plus grande envergure. Qui plus est, l'opinion publique en général, et tout un chacun en particulier, reconnaît, sans trop vouloir le dire, que c'est ce qu'il a fait, qu'il ferait, qu'il fera, s'il était en situation. Aider ses gosses ou ses amis est une solidarité première avant d'être une illustration d'un népotisme délirant. Et dans de nombreux domaines, il s'agit là, empiriquement, d'une pratique commune et, chez nous, fort ancienne. On peut d'ailleurs se demander si, en dehors de l'affaire Jean Sarkozy, que chaque Français a pu suivre et comprendre – après tout n'est-ce pas tout simplement l'histoire d'un père qui, pour réparer son divorce et son absence, soutient plus que de raison son fils ? – les autres prétendus scandales intéressent beaucoup de monde. N'est-ce pas un « tout petit monde », au sens où l'écrivain anglais David Lodge décrit avec acidité le monde universitaire, qui s'intéresse tant à ces nominations, dans l'administration, les entreprises publiques, les médias ? Au fond, tous ceux qui passent leur temps à scruter le *Journal officiel* ou le communiqué du Conseil des ministres n'ont-ils pas pour essentielle arrière-pensée qu'ils seraient mieux à cette place que le nommé ? Un très petit monde !

Avec un zeste d'humour (un peu de gêne toutefois), mais avec lucidité, le psychanalyste Jacques-Alain Miller reconnaît qu'il faut parfois « fermer les yeux et laisser faire. Quelques passe-droits même ne font pas de mal […]. Le passe-droit a fonction d'introduire dans le "pour tous" un petit espace de respiration[1] ». On peut considérer que cette « respiration », ce souci du laisser-être, est la marque profonde (donc inconsciente) de l'attitude sarkozienne et des pratiques qu'il impulse autour de lui.

J'ai bien noté son ambivalence quant à l'État et à son administration, qu'il prétend tout à la fois diriger de manière omnipotente et dont il ne prend au sérieux aucune règle et aucun usage, ce en quoi, je l'ai rappelé, il est un oxymore vivant. Ce en quoi, également, il est en phase avec l'émotionnel fragmenté du temps.

---

1. Jacques-Alain Miller, *Le Neveu de Lacan. Satire*, Verdier, 2003, p. 265.

7.

Le « prince de sang mêlé »

Il faut poursuivre notre mythologie politique en rappelant ces phrases des *Mémoires d'outre-tombe*, dans lesquelles Chateaubriand, avec la lucidité que donne le détachement, notait qu'il existe deux forces : « La force des choses et celle des hommes[1]. » Et que rien ne s'accomplit quand l'une est en opposition avec l'autre. Il faut qu'il y ait une conjonction des deux. Voilà le fil rouge de ces pages : la force d'un homme ne s'épanouit que lorsqu'il est en phase « avec la force des choses » d'un moment donné. Lorsqu'il communie avec son imaginaire spécifique.

Mais cette caractéristique de l'homme en phase, on l'a bien compris, n'est pas comprise

1. François-René de Chateaubriand. *Mémoires d'outre-tombe*, Gallimard, Pléiade, 1947, t. II, p. 874 et 872.

par l'*opinion publiée*. Ses critiques manquent la plupart du temps de justesse et de mesure parce que ses porte-parole se sentent investis du rôle d'auxiliaires de police, garants du moralisme ambiant et d'une République qu'ils disent menacée par le président élu. C'est pour cela qu'il faut garder en référence les personnages mythologiques sachant voir derrière le visible, ayant ce « regard de Sibylle » plongeant profond dans les abysses de l'existence sociale.

Ces vitupérations « prophétiques » prétendent annoncer les catastrophes en gestation – les concessions au privé, la fin du modèle français, l'abolition du grand modèle du Conseil national de la Résistance – ou les méfaits impardonnables commis par le pouvoir et ses sbires. Tout cela s'apparente à ces faux prophètes, tel Balaam, dont la Bible rappelle qu'il disait ce que l'on désirait entendre, plutôt que ce que Dieu lui avait demandé de dire. En bref, prophéties sans autres justifications que l'esprit partisan. Là encore, la maxime populaire est judicieuse : qui veut noyer son chien l'accuse de la rage.

Et ce, d'autant plus que dans un monde d'inébranlables convictions, Sarkozy fait figure d'exception en ce qu'il semble faire sienne la profonde et humble idée de Montaigne sur la « branloire perpétuelle » qu'est notre humaine condition. Les choses vont et viennent, et l'art de vivre consiste à s'ajuster, au mieux, à un tel balancement. Comme on peut voir, on est loin de la rigidité programmatique et des justifications des partis politiques. Justifications souvent en trompe-l'œil, mais que l'on exhibe pour montrer que l'on est fidèle aux convictions affichées. Même si, très souvent, on trouve en réalité toutes sortes de bonnes raisons pour s'exonérer des promesses faites. Car, chacun le sait, dans l'ordre du politique, les promesses n'engagent que ceux qui y croient.

C'est face à une telle bonne conscience, il faut bien reconnaître quelque peu pharisienne, que Sarkozy fait disruption. Il est, de ce point de vue, un rejeton de la postmodernité ayant des *sincérités successives*. Sincère dans telle déclaration publique et non moins sincère plus tard lorsqu'il dit une chose tout à fait contradictoire.

D'où une démarche toute en essais-erreurs. C'est ce qui fait que contre une foultitude de conventions considérées comme des articles de foi, donc dogmatiques, par essence, ce que j'ai nommé « sincérités successives », en d'autres termes le virevoltement sarkozien est une autre manière de souligner la fécondité du doute, l'aspect roboratif du questionnement. On le dit peu mais il a un illustre prédécesseur : de l'école privée préservée à la grande libéralisation des marchés, Mitterrand n'a pas hésité lui aussi à changer (à se renier disent ses détracteurs).

Mais allons plus avant. Quelle peut être la signification profonde de cette démarche saccadée propre à l'action politique de Sarkozy ? Je l'ai dit plus haut, ce n'est plus la mélodie harmonieuse de la musique classique, au déroulement homogène et aboutissant à un but fixé d'avance, qui était le processus *dramatique*, symbole de la politique moderne. Mais bien plutôt le staccato de la musique techno, à la « sensibilité tragique », en ce qu'elle vit le moment présent, rapatriant l'éternité dans l'instant. C'est en considérant l'accordance du président à ce tempo staccato contemporain, que l'on peut estimer malvenues les dénominations stigmatisantes le désignant comme « incohérent », « activiste effréné » et autres noms d'oiseaux.

En s'ajustant, au-delà ou en deçà de toute théorisation, c'est-à-dire d'une manière instinctive, au rythme de la vie postmoderne, rythme saccadé, séquentiel, privilégiant le moment et l'aspect émotionnel que cela induit, il est possible que ce soient ces malentendus mêmes qui assurent la gloire future d'un Sarko trépidant. D'où l'ironie féroce et souvent maladroite qui semble toujours caractériser ses discours et sa débordante activité.

Je dis bien ironie et non humour. Celui-ci est de l'ordre du bon goût cultivé. Signe d'un classicisme de bon aloi. Témoignage d'une prise de distance permettant, selon les cas, la réflexion ou le scepticisme. L'ironie, en revanche, est l'arme du combattant. Son étymologie grecque est tout à fait éclairante : *eironeia* est une feinte. C'est le dribble du footballeur, c'est la passe d'arme en escrime et l'on pourrait multiplier les exemples sportifs en ce sens.

Ironie dans le choix de certains ministres venus de l'autre bord politique. L'« ouverture » a bon dos. La feinte a bien été sentie comme telle ; elle a fait *tourner en bourrique* maints responsables socialistes qui ont vu là l'expression d'un hors-jeu. Hors du jeu politique, cela s'entend ! Feinte également dans les nominations (Conseil constitutionnel, Cour des comptes...), en rupture avec les pratiques des présidents antérieurs, mais pouvant apparaître aux yeux de l'opinion publique comme des bons coups tout à fait ludiques et s'inscrivant bien dans le divertissement général. Après tout, les combats sportifs – mondial de football, tournois de tennis, compétition d'athlétisme – prévalant en toute chose (et notamment occupant la moitié du temps de l'information), il est bien normal qu'ils déteignent sur le champ politique.

Mais cette ironie-feinte a peut-être une signification plus profonde. Tout d'abord, cet irrespect des conventions politiques rompt profondément, et avec des conséquences durables, avec les règles de savoir-vivre d'une caste donnée. Pour le dire en termes imagés : *je te passe la casse, donne-moi le séné*. Je veux parler de ces multiples petits arrangements ayant entraîné un véritable désamour vis-à-vis de la classe politique. « Ce sont tous les mêmes », « du pareil au même », « bonnet blanc et blanc bonnet » et autres expressions mettant les politiques de tous bords et la politique en général dans le même sac. D'où, d'ailleurs, la faramineuse abstention marquant les divers scrutins nationaux dont tout porte à croire qu'elle va s'intensifier. On peut penser que la « feinte » par rapport aux pratiques politiques policées, dans sa brutalité même, incite l'opinion publique à penser qu'un changement d'envergure est en cours et que la routine politicienne est en train de laisser la place à des attitudes autrement plus amusantes.

Allons encore plus loin. Il y a dans le goût de la transgression dont fait preuve Sarkozy quelque chose qui témoigne d'un appétit de vivre qui n'est pas banal. J'ai rappelé que quelques passe-droits peuvent être considérés comme des espaces de respiration dans l'uniformité ambiante. On peut ajouter que contre la *manie du niveau*, ou idéologie de l'égalitarisme, tendant à prévaloir, cette attitude met l'accent sur la singularité, sur la nécessité de l'exception, sur le retour de plus en plus net de la diversité dans les sociétés contemporaines.

Le mot diversité, je ne l'utilise pas au sens de la langue politiquement correcte : diversité pour dire couleur de peau, ethnie, religion ni blanche, ni chrétienne, ni européenne. Je ne suis pas président de la Halde, attelé à constituer les différences en droits individuels. Au contraire. Mon hypothèse est que les identités (hétéro/homo, blanc/noir, homme/femme, grand/petit, beau/laid, et j'en passe) sont dépassées au profit d'identifications multiples. Le jeune cadre n'a plus forcément des loisirs nocturnes correspondant à sa classe, l'homosexuel peut être plus conformiste que le père de famille, et surtout, trader le jour, DJ la nuit, voire bon fils le dimanche. C'est cela la fin du mouvement « homogène et vide » du Progrès pour reprendre l'expression de Walter Benjamin. Il y a pour chacun plusieurs formes de destin, plusieurs expressions de soi ; plusieurs vies au sein d'une même vie.

À trop considérer que la République est une et indivisible, on a oublié que la *res publica*, la chose publique, peut être l'ajustement, en mosaïque, d'entités, de singularités tout à fait spécifiques. La différence – de situations, de conditions, de styles de vie – peut être une forme d'enrichissement. C'est bien ce que, d'une manière encore une fois inconsciente, la France attend. Et il est possible que l'irrespect manifesté par le comportement présidentiel (les apostrophes, les gestes familiers, les fautes de langage…) réponde à cette attente.

Enfin, il y a dans cet irrespect, cette volonté de défier les discours et les normes installés, le désir « d'en profiter ». Là encore, à l'encontre du jugement moraliste dominant, il est possible que mener la grande vie, avoir des vacances de luxe, frayer avec ceux qui ont les moyens de vous prêter un yacht, passer ses vacances dans le château du

Cap-Nègre de Princesse Carlita, et toutes choses de la même eau, ne soit pas du tout ressenti comme quelque chose de condamnable. Un tel hédonisme témoigne d'un *amor mundi*, un désir de jouir de ce monde-ci, de ce qui se donne à voir et à vivre, faisant bien défaut à ceux qui professent un mépris plus ou moins déguisé, vis-à-vis des fruits de la terre. Ils attendent la rédemption du péché dans une société parfaite à *venir*. Le *présentéisme*, au contraire, semblant être la caractéristique du temps, un président qui n'a pas honte de montrer qu'il aime jouir des biens de ce monde ne peut pas être tout à fait mauvais. C'est en tout cas ce qui doit rester enfoui dans le *cerveau reptilien* du peuple ; je veux dire, ce qui fait partie de son imaginaire inconscient. Et ce, parce que c'est bien ainsi que lui aussi « fonctionne ».

On peut se demander si les contempteurs de l'hédonisme postmoderne ne seraient pas des soixante-huitards repentis, transformant en révolution classique la revendication novatrice du jouir dans l'instant, sans entraves, qu'ils hurlaient dans leur adolescence. Le culte de la souffrance, de l'austérité, de la plainte a remplacé celui du désir. En tout cas, le peuple est assigné à la place d'un héros souffrant voire souffreteux. Baisse du pouvoir d'achat, précarité, misère seraient des caractéristiques nouvelles, issues de l'action du président. Cette assignation au rôle de victime, fondateur de tous les droits républicains, surdétermine la morosité ambiante. Qu'on reproche justement au président de ne pas soutenir.

Il y a aussi un certain mépris de classe dans la critique des plaisirs et des jouissances du président. Il n'aime, disent les beaux esprits, que des chanteurs jugés ringards ou vulgaires, Didier Barbelivien ou Enrico Macias, ce qui n'est pas sans faire penser à la boutade de Napoléon : « J'ai pour moi la petite littérature, et contre moi la grande » ! D'ailleurs, sa vedette préférée, Johnny, a lâchement abandonné le pays pour cause fiscale (mais c'est aussi le cas d'une de ces bobos politiquement correctes, égérie des sans-papiers, mais qui n'en habite pas moins en Belgique pour ne pas contribuer par ses impôts aux dépenses sociales qu'elle réclame).

Il préfère le vélo au tennis. Il passe ses vacances à bronzer idiot dans le luxe plutôt que de posséder un appartement à Venise. Certes, il ne boit pas d'alcool et, en ce sens, il ne participe pas à la grande mythologie du Gaulois, mais il aime les fêtes, la brillance, la rigolade. Au contraire d'une dirigeante de l'opposition qui, lèvres pincées, a déclaré « préférer l'opéra aux *apéros géants* ». Mais les vacances à l'île de Ré, les déplacements dans de beaux endroits « préservés de la foule », la fréquentation d'artistes et intellectuels de niveau international, tout ceci peut se faire, doit se faire dans une discrétion de bon aloi. La richesse ne s'étale pas. Et ceux qui n'ont pas toujours vécu dans la discrète protection de l'aisance ne peuvent pas s'empêcher de montrer leur richesse nouvelle.

« Profiter » ! Cela pourrait être le fondement ontologique de ceux qui n'attendent pas de jouir dans ce qu'avec quelque ironie Nietzsche nommait les « arrière-mondes ». Ici et maintenant. C'est cela le *Carpe diem* d'antique mémoire, constituant, tout au long des histoires humaines, l'hédonisme populaire. C'est plus ou moins masqué ou paré de justifications hypocrites. En revanche, chez Sarkozy, cela s'exprime de manière animale, franche. Ce qui ne peut que déplaire.

Ce climat a suscité l'apparition de débats jusqu'ici inédits : ce roi qui rompt avec les attitudes réservées de ses prédécesseurs a-t-il toute sa tête ? Des analyses quelque peu chafouines, dans lesquelles des psychiatres patentés se sont interrogés sur les maladies et névroses supposées du président de la République, ont surgi. On s'est gravement demandé si ses antécédents familiaux pouvaient les expliquer. Des journalistes imprécateurs se sont emparés de ces diagnostics de bazar pour suggérer ce qui pourrait être un *impeachment* à la française, déclarant le supposé malade incapable de gouverner. Comme le fait dire Shakespeare au roi Henry V : « Oh dure condition, jumelle de la grandeur ! Être en butte au murmure du premier sot venu, qui n'a de sentiment que pour ses propres souffrances[1] ! »

C'est oublier que dans les « deux corps du roi », certes le *naturel* est faillible voire peccamineux, l'autre, le politique, est au-dessus de tout cela. C'est oublier également que d'un point de vue anthropologique, la maladie mentale était signe de possession, mélange, tout à la fois, de bon et de mauvais esprit. Dans la mythologie grecque, Hadès, dieu des Enfers, était le frère du roi du ciel, Zeus. Une telle proximité continue à résonner dans la mentalité collective, et l'imperfection est plutôt ressentie comme un signe d'humanité. Sorte de complétude, en quelque

1. William Shakespeare, *Henry V*, Gallimard, Pléiade, 1959, t. I, p. 802.

sorte, rappelant que l'humus est un élément essentiel de l'humain. La sagesse populaire, d'ailleurs, n'ignore pas que les politiques sont des *professionnels de la démence*. Et qu'après tout une certaine désinvolture vis-à-vis des règles morales est plutôt indice de bonne santé. Il n'est que de voir, à cet égard, en quoi les mariages successifs du président, ses enfants de plusieurs lits et cette famille recomposée n'offusquent en rien l'opinion publique. Il est comme nous ! « Pour grands que soient les rois, ils sont ce que nous sommes… »

8.

La nostalgie de la société d'avant

De la morale, parlons-en en effet. On a pu lire maints articles de ces *pères la Vertu* qui, après l'avoir eux-mêmes bafouée en long, en large et en travers (plutôt de travers d'ailleurs), vont, commentant l'actualité, proférer que la morale est décidément une idée neuve sous ce règne. Sous-entendu : qui devrait reprendre force et vigueur pour assainir l'espace public. En pensant à l'étymologie du mot imbécile (sans *bacillus*, c'est-à-dire sans bâton d'appui), on croirait entendre le vieux Mitterrand, quelque peu amoraliste, les apostropher : « m'béciles » !

Ou plutôt, en lisant ces imprécations désormais rituelles, on ne peux pas ne pas songer que Saint-Just qualifiait le bonheur d'idée neuve en Europe, pendant qu'il envoyait des myriades de malheureux se faire raccourcir sur l'échafaud.

C'est en effet une constante des histoires humaines, la « logique du devoir être » (Max Weber) – l'injonction de ce que doivent être le monde et les gens – d'être à l'origine de toutes les inquisitions, de toutes les épurations et de tous les appareils totalitaires, violents ou doux.

Baudelaire disait : « Tous les imbéciles de la bourgeoisie qui promeuvent sans cesse les mots : immoral, immoralité [...] me font penser à Louise Villedieu, putain à cinq francs, qui, m'accompagnant une fois au Louvre, où elle n'était jamais allée, se mit à rougir, à se couvrir le visage, et me tirant par la manche, me demandait, devant les statues et les tableaux immortels, comment on pouvait étaler publiquement de pareilles indécences[1]. » Il en est de même des moralistes contemporains, dont Kahn (Jean-François), Julliard (Jacques), Courtois (Gérard), Plenel (Edwy), Apathie (Jean-Michel) et tant d'autres sont les figures emblématiques, répétant tous les jours dans leurs bulletins paroissiaux leur credo anti-Sarkozy. C'est le « publiquement » qui les gêne. Ils sont prêts, derrière le mur de la vie privée, à

1. Charles Baudelaire, *Mon cœur mis à nu*, in *Œuvres complètes*, Gallimard, Pléiade, 1954, p. 1300.

faire toutes sortes de turpitudes, mais il faut respecter les convenances. Et leur cible ne les respecte en rien. Il ne prend pas de gants.

Les cris d'orfraie de ce chœur de vierges éplorées importent peu. Advienne que pourra. En fait, on peut dire de ces bobos hypocritement puritains ce que Marx disait des bourgeois de son temps : « Ils n'ont pas de morale, ils se servent de la morale. » Mais ils savent s'en servir à hauts cris, utilisant, en ces temps de basses eaux théoriques, toutes les ficelles médiatiques pour faire pleurer les anciens de la Ligue ou du Parti (communistes cela s'entend).

Dans ce climat de suspicion, le mot corruption va se décliner de multiples manières. Les imprécateurs vont considérer que cette corruption est cautionnée par un président qui l'est par nature (puisqu'il fréquente les grands et les riches de ce monde) et que les ministres, le gouvernement, l'entourage, les fils, les amis, la famille le sont par naturelle contamination. Ainsi, les opposants et les commentateurs de toutes obédiences s'emploient à entonner le chant de louange d'un service public virginal, épuré de toute souillure. Quant à « l'investigation » journalistique, n'est-ce point la manière dont quelques gauchistes mal reconvertis, mimant Trotski ou Staline jusqu'à leurs moustaches révolutionnaires, recyclent leur obsession de flics ou de « curés rouges », celle de l'épuration du péché capitaliste, dans l'enquête à charge, dont, depuis les grands procès de Moscou, ils connaissent tous les ressorts ? À ces obsédés de la corruption et de l'épuration, il faudrait rétorquer ce que l'insolente et judicieuse ingénuité des enfants ne manque pas de rappeler : c'est le premier qui le dit qui l'est !

Mais livrons plutôt à leur méditation cette page de cet immoraliste génial qu'est Nietzsche : « Je reconnais la vertu : 1° à ce qu'elle ne réclame pas d'être reconnue ; 2° à ce qu'elle ne suppose pas partout la vertu, mais plutôt tout autre chose ; 3° à ce qu'elle ne souffre pas de l'absence de vertu, mais considère au contraire que cette rareté établit une distance propre à la faire respecter tant soit peu ; 4° à ce qu'elle ne fait pas de propagande ; 5° à ce qu'elle ne permet à personne de s'ériger en juge, parce qu'elle est toujours une vertu pour soi ; 6° à ce qu'elle fait de préférence tout ce qui est généralement défendu ; la vertu, telle que je l'entends, est la véritable *vetitum* à l'intérieur de toutes les législations grégaires ; 7° bref, à ce qu'elle est la vertu de style Renaissance, la *virtu* exempte de virus moral[1]... » Ouf !

Voilà un programme en sept points, brefs et incisifs, à lire avec attention lorsqu'on est sujet (ce qui arrive à tout le monde) à des poussées de ce que ce même Nietzsche nommait « moraline ». Certes, il faut bien des juges pour réguler l'animal humain. Mais rien n'est plus dangereux qu'une société où la compulsion judicative s'érige en maîtresse. Le virus moral peut, alors, avoir libre cours. Et un virus n'est jamais bon pour le corps, fût-ce le *corps social*.

Non qu'il ne faille pas des codes de bonne conduite, des règles morales. Le danger, comme toujours, apparaît quand on les érige en absolu, c'est ceci qui définit le moralisme. De surcroît, les histoires humaines nous en donnent empiriquement maints exemples, le sens commun et la droite raison le rappellent avec constance : la politique, ce n'est pas de la morale. Et il n'est pas nécessaire de remonter fort loin dans le temps pour constater que les prédécesseurs de

1. Friedrich Nietzsche, *La Volonté de puissance. Essai d'une transmutation de toutes les valeurs*, Mercure de France, 1903, vol. I, p. 102.

Sarkozy, eux aussi, ont appliqué, en de nombreux domaines, une telle maxime. Sa seule tare est de ne pas faire semblant. Mais est-ce bien une maladresse ? De Robin des Bois à Mandrin, la liste est longue de tous les transgressifs qui font, encore, vibrer la conscience populaire. Le succès des romans, films et histoires policières dans lesquels le bandit « fait tendresse » témoigne à loisir d'une indulgence pour celui qui ne respecte pas les convenances établies.

En forçant le trait, ne peut-on pas dire que ce président n'est heureux que hors la loi ? Et qu'il l'exprime (en logique, on appelle cela un exemple *a contrario*) par l'excès de lois, inflation que son règne a portée à son maximum. Lois dont il sait, pertinemment, qu'elles ne seront pas, qu'elles ne pourront pas être appliquées. Là encore, un côté ludique, celui du *puer aeternum*, cet enfant éternel faisant de la vie un perpétuel terrain d'aventure. Ainsi, à l'encontre des moralistes impénitents ayant besoin de la Loi (du Père, de l'État, de l'Institution) pour assurer la protection contre les dangers de l'instinct animal, le président, en bon avocat (du diable ?), va se servir de la loi comme d'une aimable hypothèse, censée mater *verbalement* les aspects les plus dangereux des excès les plus voyants, les incivilités, les violences contre les personnes. Non pas une foi fanatique, mais un déisme vague ; à l'image du Dieu de Voltaire, tout juste bon à servir de garde-chiourme aux masses indociles.

Ne l'oublions pas, il y a, à l'origine de tout moralisme, un idéal rationnel. La Déclaration des droits de l'homme et du citoyen a été élaborée dans l'atmosphère mentale qui vit l'invention du social : c'est-à-dire d'un vivre-ensemble fondé sur la Raison souveraine. Le Contrat en fut l'expression. Contrat politique, économique, social. Jusques et y compris les affects sont enrôlés dans ce prurit contractuel : ainsi le « Contrat de mariage ». Tout cela, par construction, pérenne, intangible, assuré d'avenir.

Cela, il est bien délicat de le mettre, frontalement, en question. Mais sinon *de jure*, que se passe-t-il *de facto* ? Flexibilité du travail, détricotage des institutions sociales, entérinement de l'évolution des mœurs sexuelles, en tout Sarkozy s'adresse à la passion, à la compassion. Pour reprendre un terme dont raffole la gent cultivée, au *phatique* – à savoir la capacité de verbaliser les problèmes –, il préfère le *pathique* – ce qui met l'accent sur le pathos ; le fameux *émotionnel*.

Mais, Lévi-Strauss nous l'a rappelé : les hommes ont toujours aussi (bien) pensé. La sagesse antique le savait déjà : *omnis negatio est creatio*, il y a dans la négation d'un état de fait la préfiguration de ce qui émerge. En la matière, la négation, dans les faits, d'un contrat rationnel et abstrait induit la reconnaissance d'une socialité où passions, émotions et autres « humeurs » sociales occuperont une place de choix.

En la matière, le sachant ou pas, le voulant ou non, celui qui agit par instinct et qui affectionne cela, celui qui met en œuvre l'émotionnel, privilégie la communauté, les communautés. La nation comme mosaïque de « pays », au sens local de ce mot, de tribus. Toutes choses reposant sur le sentiment d'appartenance. Je rappelle que c'est ainsi que les premiers théoriciens du postmodernisme en architecture, s'opposant à l'esthétique minimaliste des modernes (tel le Bauhaus), mettaient l'accent sur l'ambiguïté, le patchwork, bric-à-brac d'une construction donnée[1]. Un mélange organique reposant sur la coïncidence des opposés.

Il en va de même, à certains moments, pour

1. Robert Venturi, *De l'ambiguïté en architecture*, Dunod, 1986.

la construction sociale : c'est l'ajustement des affects, des humeurs, des sentiments qui fonde la vie collective. Tant bien que mal. Non pas *a priori*, mais *a posteriori*, c'est-à-dire empiriquement. Et si ce président s'adresse à l'instinct, s'il transgresse les conventions et méprise les convenances, c'est qu'il est lui-même un métèque. Métissé de Hongrois, donc un peu Barbare, un peu Juif (Salonique, ville de haute culture) et Français, d'éducation et de conviction, bref, une alliance des contraires.

Peut-être est-ce ce mélange qui, comme toujours chez les métèques, attire et répugne à la fois. Il est frappant de voir en quoi l'adhésion de ses collaborateurs est profonde et indéfectible. Il est, en ce sens, un chef charismatique qui, ne l'oublions pas, est celui autour duquel on s'agrège. Au plus près de son sens étymologique, on « colle » à lui, « ça colle » avec lui. Comme pour les animaux de race, il y a quelque chose de magnétique en lui.

Mais, dans le même temps, c'est cet instinct animal qui peut faire fuir. Et si l'on reprend les diatribes habituelles, outre son côté « bling-bling », son langage mal dégrossi (il n'est que de voir les lazzis suscités par l'utilisation supposée forcément fautive de l'imparfait du subjonctif !), ses goûts musicaux, artistiques quelque peu vulgaires, tout cela horrifie petits bourgeois et bobos, qui préfèrent les horizons bien définis d'une culture ayant fait ses preuves. Dès lors, ils n'admettent pas que l'on violente, d'une manière quasi barbare, un social rationnel et théorisé où chacun et toutes choses sont à leur place.

Si dans certains milieux – salles de rédaction, clubs de hauts fonctionnaires, amphithéâtres universitaires –, l'évocation de son nom suscite l'hystérie que l'on sait, c'est parce que l'on n'accepte pas que la partition gauche-droite soit ainsi tarabustée. Ou encore, sans trop oser le dire, on dénie que l'introduction dans le gouvernement de Blacks, Arabes et métissés soit l'expression d'un vrai choix de diversité. Et bien sûr, l'on n'a vu que ruse, aux arrière-pensées peu ragoûtantes, dans la nomination à des postes importants de personnes compétentes, mais n'étant pas de son bord politique.

Tout cela est par trop transgressif, trop instinctif, trop intuitif et, dès lors, pas recevable par les tenants d'une société quadrillée, aux limites rationnellement définies. Bref, tout semble par trop obscur voire bien sombre pour ceux dont la philosophie des Lumières, celle d'une raison raisonnante, reste le critère indépassable pour toute pensée et toute action. Il n'y a pas assez de *transparence* dans tout cela. Or s'il est un terme qui, d'une manière lancinante, intervient dans les divers lieux du débat public, c'est bien celui-ci !

Comme toujours, il est de bonne méthodologie d'observer les caricatures pour saisir l'ampleur d'un phénomène. Ainsi, cette expression (interrogation ?) employée, fréquemment, dans les conversations juvéniles : « c'est clair ». On peut être à peu près sûr qu'il s'agit en fait d'une situation fort embrouillée. Il s'agit typiquement de ce qu'il est convenu d'appeler une antiphrase. Par exemple, lorsque, dans *1984*, George Orwell nomme « ministère de l'amour » celui qui est chargé de faire la guerre.

Ainsi la demande de transparence, qui, telle une incantation, s'exprime dans d'innombrables articles, dans les multiples commissions universitaires, dans les diatribes parlementaires, sans oublier les comices agricoles et autres campagnes politiques, cette demande donc est l'expression d'une nostalgie, enracinée profond dans l'inconscient judéo-chrétien, que tout soit sous le regard de Dieu, auquel rien n'échappe, auquel rien ne doit échapper. Après le meurtre de son frère, Caïn peut essayer de se cacher, de s'enfouir même, mais, comme le note Victor Hugo, « l'œil [de Dieu] était dans la tombe et regardait Caïn ».

C'est sous le regard de la Déesse Raison que tout doit se dérouler. Et c'est ainsi que, tout au long du XIXe siècle, se mettent en place toutes ces institutions sociales qui font la grandeur de la société moderne. Pour ne prendre qu'un exemple parmi beaucoup, le *panopticum* dont Michel Foucault a montré qu'il avait, dans un souci philanthropique, pour fonction de « surveiller et punir[1] », est une bonne métaphore caractérisant la société de contrôle, celle du risque zéro, et celle de l'asepsie sociale est le prototype de cette idéologie de la transparence.

Cette nostalgie d'une époque moderne est certes louable, mais voilà ce dont Sarkozy n'a que faire, ayant par trop l'intuition du clair-obscur de toute existence. Et que tout comme un homme n'existe pas sans son ombre, une société elle-même a besoin du répit qu'octroie l'obscurité. Le passe-droit crée un espace de respiration quand le carcan du tout-juridique se

1. Michel Foucault, *Surveiller et punir. Naissance de la prison*, Gallimard, 1975.

fait par trop pressant. Il en va de même d'un certain degré d'opacité assurant une forme de répit dans la trop grande clarté. Ne dit-on pas être à l'ombre de quelqu'un lorsqu'on bénéficie de sa protection ?

Telle est l'intuition de cet animal politique qu'est le président : faire en sorte qu'une partie, à tout le moins, de l'action publique soit à l'abri du regard. Et c'est ce *retrait*, qui est, notons-le, le propre de tout pouvoir, quel qu'il soit, qu'on lui pardonne le moins. Les héritiers des grands philosophes des Lumières, devenus quant à eux des petites « lumières » clignotantes, reprochent au président Sarkozy, à son administration, à son gouvernement, de ne pas agir au grand jour ; ce qu'ils ont fait, ce qu'ils feront, ce qu'ils font lorsqu'ils sont en position de le faire. Les psychologues appellent cela le processus de projection !

Autre caricature : qui n'a pas entendu ses enfants utiliser, jusqu'à plus soif, l'expression « j'avoue » ? Dans la bouche des jeunes, n'est-ce pas une forme de moquerie de la société adulte, à laquelle on entend bien cacher ce qui, nécessairement, doit l'être. Ce « j'avoue » n'est pas sans rappeler les salles d'audience. Il a un arrière-goût de judicatif. Il sent le tribunal à plein nez. Cette expression juvénile traite, en dérision, le sentiment de culpabilité taraudant non pas la société dans son ensemble, mais bien ceux qui se sont donné pour mission de la juger, de la protéger du mal, d'éradiquer « sa part du diable », de la rendre juste et parfaite – les autorités en quelque sorte.

Mais voilà, les Grands Inquisiteurs de la place n'arrivent pas à faire avouer son péché originel à un président devant certainement sa santé mentale à son inconscience. D'ailleurs, vous le voyez bien, « comme il est bourré de tics ». C'est « bien la preuve que… ». En fait, n'étant en rien doloriste, existant en vrai pirate du plaisir de vivre, il ne peut qu'inquiéter un état d'esprit, celui marqué par le péché, dans lequel l'*aveu* est chose nécessaire. On ne peut pas pardonner à celui qui ne demande pas pardon.

Il y a quelque chose d'insolent dans le « sentiment de non-culpabilité ». C'est cela même qui est, sous toutes les latitudes et dans toutes les cultures, à l'origine de la transgression. On entendit ainsi, autrefois, Lord Byron, personnage transgressif s'il en fut, déclarer : « J'ai cessé de me justifier à moi même, et devant les autres, mes propres actions, dernière infirmité du mal. »

9.

La rupture prophétique

Notre roi post moderne a, en vérité, associé son règne à des mythes éternels. Car, grâce à sa capacité à susciter et jouer de l'émotionnel, du sensuel, à sa manière de quêter l'approbation de l'opinion, il remplit – indéniablement – sa fonction très différemment de ses prédécesseurs. C'est bien sûr un effet de contexte plus que d'individu. Quand une société s'alanguit, par compensation, surgit le désir de transgresser des limitations paraissant, il y a peu encore, insurmontables. À l'énergie se perdant dans l'embrouillamini de *l'institué* mortifère, celui d'une administration tatillonne et abstraite, répond le vitalisme d'un *instituant* (ce que d'aucuns appelleraient les acteurs sociaux, que je préfère nommer le peuple ou l'opinion publique) tendant, justement, à redonner force et vigueur à un être-ensemble qui s'était plus ou moins assoupi. C'est une constante dans les histoires humaines, à certains moments, le corps social se débarrasse de la mauvaise graisse alourdissant sa démarche. Et il est dans l'ordre des choses que des idées aiguës, en phase avec l'époque, se diffusent, contaminent, pollinisent le débat. Elles atteignent ainsi l'invisibilité des lieux communs : du sens commun.

Sarkozy, métis et transgressif, participe d'une telle pollinisation et, de ce fait, permet la fécondation d'une nouvelle manière d'être. J'ai dit comment il oppose à l'universalisme des Lumières son profond relativisme : non pas la Vérité Une et Intangible, ce qui est le propre du dogmatisme, mais des petites vérités approximatives que l'on dévoile au coup par coup et qui, ainsi, traduisent mieux les préoccupations populaires. Concrètes, ces vérités minuscules surgissent de la vie quotidienne. C'est en ce sens que le président est « situationniste », il s'ajuste, il s'accorde *a posteriori* à ce qui est. Il fait, au sens lévi-straussien, du « bricolage », fondement irréfragable de toute culture.

Ce qui ne manque pas de faire sens : on compose, on corrige, on modifie profondément les objets, les espaces maisons qui, sans cela, perdraient toute vie et tout intérêt. Il s'agit d'un recyclage à partir des racines. *Stricto sensu*, d'un enracinement dynamique. Toutes choses que l'on peut exprimer avec le laconisme percutant de ces mêmes situationnistes : « Nos idées sont dans toutes les têtes[1]. »

Voilà qui, en son sens étymologique, est tout à fait prophétique : *pro phemi* : dire devant. Il s'agit de dire le mieux possible ce qui est vécu par le plus grand nombre. C'est cela être en phase, s'ajuster au climat spirituel, toutes choses faisant qu'un homme politique est ou n'est pas typique de l'esprit du temps.

C'est ce qui fait également que le transgressif va, à plus ou moins brève échéance, devenir la référence. Reprenant et complétant un terme de Durkheim, j'ai rappelé que, d'une manière inéluctable, « l'anomique d'aujourd'hui est le canonique de demain ». Le poète maudit, le théoricien marginal, le peintre refusé, le musicien conspué et l'homme politique stigmatisé vont devenir les références indépassables, dont on ne peut pas faire l'économie. Entendons-nous bien. Cet homme

1. *Internationale situationniste*, n° 1-12, Amsterdam, Van Gennep, 1970.

maudit l'est pour les tenants du conformisme intellectuel, pour une intelligentsia qui a une *opinion*, et même une *opinion publiée*. En bref, la diabolisation est le fruit du politiquement, du moralement, du théoriquement correct. Cette idéologie correspond-elle à l'opinion publique ? Rien n'est moins sûr.

C'est dans ce cadre général qu'il faut envisager la thématique de la *rupture*. Peu importe le terme lui-même, qui va être mis en avant ou, au contraire, relégué sous le boisseau. En revanche, ce à quoi il fait écho reste persistant et continue à avoir un retentissement indéniable dans la conscience collective. À savoir qu'un paradigme nouveau est en gestation. Ce que certains, parmi lesquels je me range, nomment la postmodernité. Celle-ci, justement, met l'accent sur le relativisme des valeurs et sur l'importance du présent, de l'ajustement aux situations, de la résurgence de valeurs considérés comme régressives, une forme d'agrégation en tribus, la structuration nomade du temps et de l'espace induite par l'usage des nouvelles technologies, toutes choses maintenant bien décrites pour les jeunes générations, mais dont on n'imaginait pas que le président pût s'en faire le chantre.

La mise en œuvre de cette *rupture* proclamée avant son élection, programmée ensuite, fut peu suivie d'effets. Il y eut des actions inefficaces, des réformes avortées ou incomplètes. Celle de l'Université est le modèle même d'une réforme abâtardie. Autonomie accordée aux universités sans que celles-ci puissent vraiment faire de sélection, augmentation des droits d'inscription à un niveau qui ne dissuade personne d'étudier, statuts toujours plus différenciés des professeurs et des chercheurs, toutes choses qui, dans le concert mondial, ne suffiront pas à dynamiser les universités françaises. Car il s'agit de les rendre à nouveau attractives. Ce qui, il faut oser le dire, n'est plus le cas actuellement.

Mais là n'est pas l'essentiel. Les pas de clerc du pouvoir et autres maladresses n'empêchent pas que c'est l'idéologie même du service public qui est sinon déconstruite, du moins remise à sa vraie place. Voilà ce qui compte : non pas se servir du public, mais être au service du bien commun. C'est-à-dire ne plus constituer une forteresse vide s'employant, essentiellement, à préserver des *acquis sociaux* d'une classe de citoyens – enseignants quelque peu privilégiés –, sans que la contrepartie du « service » rendu soit évidente.

Flairant les mutations sociétales en cours, captant leur dimension mondiale, le « vaillant petit tailleur » a donné, pour le moins, le goût de la *réforme*. On ne peut rester statique à l'abri de nos institutions. Il faut dynamiser voire dynamiter. Certes, conformément à la « grévi-culture » propre à la tradition française, des mouvements sociaux à répétition se sont produits pendant son mandat. Le plus spectaculaire a été la longue résistance à la réforme des retraites où se sont coagulés toutes sortes d'opposants. Leur point commun ? Difficile à trouver, entre les ouvriers d'une compagnie pétrolière, des cheminots partant à la retraite sept ans avant l'âge prévu par la nouvelle loi pour les autres catégories sociales, des étudiants qui font comme si… Mais le ver est dans le fruit et il fera son chemin. Son action n'est pas terminée et en dégraissant un État omniprésent et devenant de ce fait impotent, il participe à une réelle métamorphose de la société. Fût-ce sous les quolibets et les vitupérations, il faut savoir semer des graines pour l'avenir. Il est d'ailleurs instructif de noter que, tout à son intuition animale, le sorcier Sarkozy poursuit, sans état d'âme, son bonhomme de chemin. « Sept d'un coup », affirme-t-il en égrenant des réformes parfois tellement réduites par l'action des lobbies qu'elles semblent n'être que de petites mouches !

Je reviens sur cette manière sans précédent de changer le pays car elle est importante. Les réformes s'envisageaient jusque-là de manière programmatique. L'exemple paradigmatique, même s'il est maintenant bien daté, en était le programme du Conseil national de la Résistance, c'est-à-dire le cadre (et le carcan) dans lequel nous vivons encore : statut de la fonction publique, sécurité sociale, organisation administrative, École nationale d'administration... On a assisté à nombre de tentatives de réformer ces cadres rigides, je dirais de manière sérieuse, programmée, rationnelle. L'action du Premier ministre (choisi en exact contrepoint du président, comme d'ailleurs du Premier ministre de Mitterrand, Michel Rocard) appartient à cette veine. Pourtant, il n'est pas sûr que le sérieux Fillon obtienne à terme plus de résultats que le vibrionnant Sarkozy. Ne serait-ce que parce que certains problèmes ne peuvent pas être envisagés de front : il faut ruser, les attaquer en douce, y revenir, grignoter voire « parler » et proclamer des réformes par antiphrases. Les graines d'une société qui abandonnerait ses archaïsmes ne peuvent pas germer d'une insémination artificielle, trop brutale. Il faut en quelque sorte laisser faire la Nature, y compris en espérant qu'elle fera autrement que ce qui a été promis et autrement que les tentatives avortées ne l'ont voulu. En langage savant, on pourrait dire que la rupture au sens sarkozien est une hétérotélie, c'est-à-dire une action qui atteint un but autre que celui qu'elle poursuivait ou en tout cas qu'elle disait poursuivre. En quelque sorte, une politique qui serait l'addition d'effets pervers. Voilà une façon originale de gouverner un vieux pays comme le nôtre.

Historiquement, il y a un parallèle à esquisser entre Sarkozy et Napoléon III. Généralement, le point de vue historique sur le Second Empire est plutôt négatif, il transmet le sentiment d'une véritable trahison. En effet, Napoléon III avait prêté serment que « la République démocratique serait son culte ». Il n'hésita pas, pourtant, à envoyer en exil ceux qui s'étaient insurgés contre son coup d'État. De même, il avait proclamé : « L'Empire, c'est la paix », et il fit la guerre, la perdit à Sedan, et fut finalement fait prisonnier par les Prussiens qui annexèrent l'Alsace-Lorraine.

Napoléon III, neveu de Napoléon, présentait pourtant les caractères d'un héritier de la Révolution. Il avait adhéré à la société secrète et paramaçonnique des carbonari, combattu le pape, écrit (en prison pour son action politique subversive) *L'Extinction du paupérisme*. Selon les mots mêmes de l'historien Marc Ferro, « le retour antidémocratique qui caractérise sa prise de pouvoir apparaît comme le fait d'un renégat : exactement ce qui se passa un demi-siècle plus tard avec Mussolini [...]. Pour garder le pouvoir et par amour de la gloire, il oublia ses convictions[1] ». Mais, continue l'historien, ce retournement ne fut pas total. Napoléon III favorisa le développement des sociétés de secours mutuel, il fit voter une loi qui légalisait les grèves à condition qu'elles ne portent pas atteinte à la liberté du travail (1864) et « les lois sociales instituées par le Second Empire n'étaient pas en retard sur celles de la Prusse ou de l'Angleterre ».

On connaît pourtant les sarcasmes de Victor Hugo – il est vrai contraint à l'exil par celui qu'il pourfendit – contre « Napoléon le Petit » ou ceux de Jules Ferry sur « les comptes fantastiques du baron Haussmann » sans oublier les multiples

1. Marc Ferro, *Histoire de France*, Odile Jacob, 2009, p. 288-292.

critiques du milieu littéraire ou du monde politique. En revanche, ses défenseurs voire ses collaborateurs : hommes d'affaires, banquiers, ingénieurs (cela ne vous rappelle-t-il rien ?) n'eurent pas voix au chapitre pour le défendre. Il est certain que sous l'apparence, la proclamation d'une action en faveur de la République, de la démocratie et de la paix, Napoléon III mena une politique qui fut contraire à tout cela. Et bien qu'ayant prétendu vouloir le bien des ouvriers, durant son règne, l'argent fut roi. Mais force est également de constater qu'il eut le soutien des classes populaires. Lors du vote du sénatus-consulte de 1870, approuvant l'instauration d'un régime parlementaire, l'empereur recueillit près de sept millions trois cent mille voix en sa faveur contre un million et demi seulement d'opposants.

De manière générale, si nombre d'entreprises impulsées ne réussirent pas (notamment, il faut mettre à son débit le désastre du Mexique, celui de Sedan ou la faillite des frères Pereire), il n'empêche qu'il a posé les fondements de la France de l'âge moderne, entre autres ceux de la IIIe République. On doit aussi retenir de cette époque l'action du baron Haussmann à Paris, bénéfique à long terme même si elle s'est accompagnée d'une politique ségrégative du logement, de l'essor de la banque et du crédit, de la libéralisation de l'action syndicale, de la construction du réseau national de chemins de fer et, bien sûr, mesure symbolique dans sa gratuité même, de la construction de la tour Eiffel. C'est sous ces auspices que Paris devint cette Ville Lumière dont Walter Benjamin rappela qu'elle fut « la capitale du XIXe siècle [1] ».

C'est aux historiens de trancher sur ce bilan. Retenons néanmoins la logique napoléonienne : faire autre chose que ce qu'on a promis ; impulser en secret des mouvements confiés à des hommes d'action, d'affaires et non des politiques, échouer en apparence et pourtant avoir construit, sur le long terme, les bases d'un édifice historiquement solide.

La comparaison, bien sûr, ne saurait se faire terme à terme. Justement d'ailleurs parce que Napoléon III a assuré les fondements de l'âge moderne, cette IIIe République constituant la base de l'ère démocratique et libérale de la France, et qui donna leur assise définitive aux grandes

1. Walter Benjamin, *Paris, capitale du XIXe siècle. Le livre des passages*, Le Cerf, 1989.

institutions nationales : l'école bien sûr, les transports publics, l'urbanisme public en quelque sorte, l'industrie nationale, les hôpitaux publics, etc. C'est cet édifice moderne vacillant, menaçant de s'effondrer, que Nicolas Sarkozy affirme conforter, secourir alors qu'il impulse des actions tout à fait divergentes, semble-t-il.

Napoléon III le Petit, contre les pesanteurs institutionnelles et en dépit des critiques, a eu une formidable intuition de l'avenir. L'action catastrophique dont on crédite, du moins dans la majorité des médias, le diable Sarkozy n'en préfigure pas moins une renaissance dont l'attente se fait insistante chez les Français ordinaires, qui supportent de plus en plus difficilement les lourdeurs et l'inefficacité du service public, dont ils ne voient plus en quoi il est au service du public.

Une belle métaphore du sociologue Georg Simmel résume bien ce qu'est l'essence de la vie sociale : « la porte et le pont ». On pourrait dire l'ordinaire : la porte renvoyant au chez-soi, à l'entre-soi, et l'exceptionnel, le pont, unissant aux autres, à l'extérieur, à l'étranger. La « porte », on vient de le voir, renvoie à cette action à l'intérieur de l'Hexagone. Le « pont » pourrait ressortir d'un des aspects de la politique étrangère du président :

son indéniable fascination pour une Chine en pleine expansion. Pourquoi donc ? Si ce n'est parce que c'est un pays où, sous une idéologie communiste affichée, se développe un capitalisme agressif, n'étant pas bridé par les vieilles règles.

Certes, du bout des lèvres, il a payé son écot à quelques protestations « droit-de-l'hommistes », qui sont la bonne conscience des nantis occidentaux, mais sans trop insister tout de même, car l'important est de participer au dynamisme explosif de ce pays. On peut même se demander si les racines de cette fascination du président ne sont pas à chercher dans l'ensauvagement qui accompagne *de facto* cette énergie.

Par parenthèse, on peut noter la même fascination, encore plus cachée, peut-être même inconsciente chez son ancienne adversaire, Ségolène Royal. C'est devant la Muraille de Chine qu'elle a procédé à une de ses créations sémantiques les plus célèbres, en parlant de la « bravitude ». Néologisme qui lui a certes valu beaucoup de quolibets, mais qui participe également à l'affection dont elle est l'objet. C'est en voulant payer elle aussi son écot au culte (fait de vénération et de rejet) pour le modèle de développement chinois qu'elle a en revanche commis une de ses plus importantes gaffes. N'a-t-elle pas vanté « la rapidité de la Justice chinoise » ? Pourtant, un peu comme pour les dérapages du président, les écarts de langage et les attitudes peu raisonnables de son opposante de 2007 rencontraient la même indulgence populaire et en même temps une critique acerbe similaire de l'intelligentsia cultivée.

10.

Le triomphe de Dionysos

L'action de Sarkozy se déroule à une époque de grand changement. Pas en France mais dans le monde.

L'Occident (c'est ainsi que l'on peut comprendre la modernité) s'est constitué sur la domestication des mœurs, sur la rationalisation généralisée de l'existence. Ce qui a entraîné la régulation sociale que l'on sait. Mais, après l'apogée que fut la fin du XIXe siècle sous la forme de l'occidentalisation du monde par l'exportation de ses valeurs, on assiste, depuis la Seconde Guerre mondiale, à une vraie « orientalisation » de ce même monde (cuisine, stylisme, habitation, spiritualité...).

Un changement se produit en ce moment en Occident, en France comme ailleurs. Pour aller vite (peut-être trop vite), on peut lui donner un nom : l'ensauvagement, c'est-à-dire un retour de la part animale de l'homme.

Un phénomène bien analysé par Augustin Berque, qui note le dénominateur commun de ce mouvement qui fait que le « sauvage » se mêle à l'artifice[1].

Sans pouvoir ici le développer, on peut considérer que cet « ensauvagement », cette permanence de la nature, c'est-à-dire de la part animale de l'homme, n'est pas sans influencer notre Barbare « au sang mêlé ». Après quelques pas de clercs et autres maladresses dues à l'humanitarisme imposé par la sensiblerie de l'intelligentsia bien-pensante, on sent chez lui une indéniable fascination, parmi les pays de l'Extrême-Orient, pour l'empire du Milieu. Et cela n'est pas sans raison.

D'un mot, puis-je rappeler que les racines de la tradition occidentale sont à chercher dans ce que l'on peut nommer le « Principe de coupure » ? On retrouve cette distinction originelle dans la Genèse : « Dieu vit que la lumière était bonne et Dieu *sépara* la lumière et les ténèbres (Gn I, 4). C'est sur cette base que s'élaborèrent, dans le

1. Cf. Augustin Berque, *Le Sauvage et l'Artifice*, PUF, 1989.

temps, toutes les dichotomies qui furent les fondations culturelles de cette tradition. C'est ce qui constitue son empreinte fondamentale sur les hommes de ces deux millénaires, qui oriente leur pensée, sans qu'ils en soient forcément conscients. Séparation entre nature et culture, entre corps et esprit, entre vrai et faux et, surtout, entre le bien et le mal. C'est cette distinction qui est à l'origine du moralisme et/ou d'une politique à la recherche de la *perfection.*

Recherche du système parfait dont il faut rappeler qu'il a abouti à l'asepsie de la vie publique que l'on connaît aujourd'hui : tout doit être régulé, encadré, canalisé. Le risque zéro, la sécurisation de l'existence, le maintien, à n'importe quel prix, des acquis sociaux, le carcan de la fonction publique, la revendication de toujours plus de moyens pour financer les services publics en contrepartie d'un assèchement de l'esprit d'entreprise étouffé par l'augmentation ininterrompue des prélèvements divers, tout cela (et bien d'autres choses encore) est la conséquence lointaine de l'idéologie qui privilégie la lumière par rapport aux ténèbres, l'activité par rapport à l'inactivité, etc. Séparation énoncée d'abord dans le livre originel qu'est la Genèse, reprise ensuite dans sa déclinaison profane par les Lumières, croyance argumentée mais aveugle dans le Progrès qui a ordonné le monde par le Contrat social, invention essentiellement rationnelle. Chacun n'est pas d'abord lié à l'autre, réalité concrète, mais à la Société, entité abstraite. On peut donc suivre les conséquences de cette conception du monde comme tendant à se dégager d'une manière continue et ininterrompue du mal, des ténèbres, pour atteindre les Lumières du progrès et de la libération de l'homme des chaînes naturelles de leur origine religieuse à leur traduction politique.

Tout autre est la tradition orientale pour laquelle une telle partition n'a aucun sens. En laissant filer une métaphore maintenant bien connue, on peut rappeler que le ying et le yang sont intimement mêlés et se complètent l'un l'autre. Passivité et mouvement étant les deux pôles antagonistes, mais nécessaires l'un à l'autre, fondements de la dynamique cosmique et sociétale. Ce qui entraîne non plus la recherche de la « Perfection », mais plutôt d'une complétude où chaque élément, le bon et le mauvais, le vrai et le faux, etc., a un rôle à jouer. C'est de l'*interpénétration* que naît une conception holistique : tout est bon. Mais cette conjonction ne va pas sans quelque sauvagerie ; en tout cas, ce que notre civilisation occidentale domestiquée considère comme telle.

Ce détour un peu long pour montrer que c'est un tel ensauvagement, corrélatif de l'orientalisation du monde, qui fascine l'opinion publique ainsi que celui qu'elle a élu comme son représentant, en l'occurrence, en ce moment, Nicolas Sarkozy.

Cuisine, habitation, habillement sont les expressions quotidiennes d'une telle fascination. Mais restons dans un domaine qui plaît à beaucoup : l'économie. La croissance chinoise à deux chiffres peut être considérée comme l'expression d'une absence de régulation *a priori*. D'un manque de sécurité, engendrant un dynamisme indéniable ; une force qui va son chemin, et que rien ne peut arrêter. *Entreprendre*, mot talisman s'il en est et que l'on peut décliner à loisir : entreprenant, entrepreneurial, entrepreneur, entreprise, voilà qui sonne agréablement aux oreilles d'un président, mais qui est bien languissant dans une société corsetée par mille et unes règles, toutes plus tatillonnes les unes que les autres.

C'est à cet entrepreneuriat que le capitalisme chinois, vraiment sauvage, lui, va laisser libre cours. Et cela peut se faire parce que plutôt que de réguler et de normer *a priori*, en distinguant ce qui doit être bon de ce qui est mauvais – méthode occidentale s'il en est –, la Chine va préférer, d'antique mémoire, la conjonction des choses opposées. Un président qui est, ainsi que je l'ai indiqué, un oxymore sur pattes, ne peut qu'être sensible à une telle mosaïque, où la pluralité des valeurs est la cause et l'effet d'une cohérence des plus solides. Le « faire d'une faiblesse une force » des arts martiaux en est l'expression achevée. Ce qui induit une stratégie, économique, politique, sociale, pouvant choquer, mais qui n'en est pas moins, redoutablement, efficace[1]. Et ce, dans tous les domaines.

Un grand journaliste italien, ayant fait toute sa carrière dans divers pays de l'Extrême-Orient, s'est employé à montrer comment les décideurs politiques, chefs d'entreprise, bureaucrates divers et même universitaires n'entreprenaient rien d'important sans avoir consulté devins, chamans et autres astrologues. Ce dont ne manquent pas

1. Cf. à cet égard l'éclairant travail de François Jullien. Par exemple *La Propension des choses*, Le Seuil, 1992, *Le Détour et l'Accès. Stratégies du sens en Chine*, Grasset, 1995.

de se gausser les esprits forts occidentaux, mais qui mérite pourtant questionnement[1]. On peut se demander si notre diable national, se fiant, d'une manière que d'aucuns jugent excessive, à la voyance des sondages n'emprunte pas une voie similaire. En effet, pour les mécréants (parmi lesquels je me range), il n'y a pas d'essentielle différence entre enquêtes statistiques, sondages d'opinion et diverses prédictions astrologiques.

Le sondage est bien sûr l'expression la plus parfaite d'une sociologie rationaliste aux ambitions scientistes. En ce sens, son usage paraît bien éloigné des pratiques de voyance ou de chamanisme orientales. Mais il faut être naïf pour penser que mythologie et croyances mythiques s'opposent à la croyance en l'objectivité scientifique. La science participe d'une mythologie, celle de l'explication de tous les phénomènes et de leur représentation idéale par les mathématiques. Les mathématiques comme langage de représentation de la réalité sont une des nombreuses histoires que se raconte l'humanité. Le président pousse cette croyance à son extrême,

1. Cf. Tiziano Terzani, *Un devin m'a dit*, Maisonneuve et Larose, 1997.

jusqu'à l'absurde. Ne dit-on pas qu'il consomme jusqu'à deux sondages par jour, qu'il ne prendrait aucune décision, y compris privée, sans l'avoir fait tester auparavant par un sondage d'opinion, bref que cette interrogation lui sert d'assurance et de recours constants ? Un peu comme dans le conte de Blanche-Neige, il consulte quotidiennement et parfois plus, son miroir : « Sondage, sondage, dis-moi si je suis la plus belle. »

Ce recours, sinon irrationnel du moins peu rationnel, à un outil qui n'a que les apparences de l'objectivité, participe ainsi de la même fascination. On peut se demander si l'attraction/répulsion qu'exerce à son égard un autre président, Obama, ne vient pas de là. Pour ce dernier, l'Europe compte peu par rapport à l'Asie. Et c'est du côté du Pacifique et de l'Extrême-Orient que penche, de plus en plus, l'extrême Occident !

En bref, pour reprendre un hymne liturgique : *Ex Oriente lux*. Ce n'est plus la clarté défaillante des Lumières qui éclaire le monde, mais bien cette lumière (renaissante) venue de l'Orient, symbole d'un jour nouveau. On a pu montrer ce que le succès économique de l'Occident devait au développement scientifique. Celui-ci n'a pu se faire, ainsi que l'a bien démontré Thomas Kühn, qu'en laissant de côté les détours que constituaient l'imaginaire, le rêve, les émotions[1]. C'est bien cette « voie droite » qui contribua, sans ambages, à l'occidentalisation du monde, trouvant son apogée à la fin du XIXe siècle. Mais voilà que de multiples manières, l'esprit du temps est traversé par la recherche de l'immatériel, voire du spirituel. Le rêve est partie prenante de la texture sociale. La religiosité tend à contaminer les domaines qui en étaient, jusqu'à ce jour, préservés.

On peut considérer que le président de la République, en prononçant le « discours du Latran » ainsi que celui, un peu plus tard, d'Abou Dhabi, se fit le porte-voix d'un retour, *lato sensu*, du spirituel. Certes, nombreux furent ceux qui se firent les défenseurs d'une laïcité menacée, voire violentée. Tous les libres-penseurs s'insurgèrent contre l'offensive d'une Église rétrograde à l'encontre des valeurs républicaines. Les concernant l'ironique remarque de Nietzsche n'est peut-être pas infondée : ni libres ni penseurs ! Quant à la laïcité, ils oublient qu'en son sens premier, le laïc, « le frère lai », n'était justement pas un clerc. Et

1. Thomas Kühn, *Structure des révolutions scientifiques*, Flammarion, coll. « Champs », 2008.

qu'en se dogmatisant, le laïque est devenu *laïcisme* voire « laïcard », c'est-à-dire une forme de cléricature intolérante ; fanatisme qui, en tant que tel, en vaut un autre et est, potentiellement, aussi dangereux.

Allons plus loin, encore : laïque (en grec *laikos*) est cela même qui appartient au peuple. Encore lui ! Et il n'est donc en rien scandaleux que le président, chanoine du Latran (les esprits pressés ne savent peut-être pas que, dans l'Église traditionnelle, il n'était pas nécessaire d'être prêtre pour être chanoine), en une intuition juste, au travers de ses discours, en évoquant la révision de la loi de 1905 et diverses actions visant à entériner l'existence du culte musulman en France, se contente ainsi de reconnaître que les valeurs sont en profonde mutation dans la société française et qu'il convient de rebattre les cartes.

Quand des changements de fond s'opèrent, rester arrimé à une loi (1905) vieille de plus d'un siècle, voilà à coup sûr qui est l'expression d'un dogmatisme voire d'un certain obscurantisme. La multiplication des livres de spiritualité, la reviviscence des nombreux pèlerinages, la vitalité des retraites et autres récollections religieuses, sans oublier le syncrétisme propre aux techniques du *new age* ou l'appétence pour l'initiation exploitée par des sociétés secrètes, voilà qui montre bien que l'esprit du temps, pour le meilleur et pour le pire, est taraudé par cette *soif de l'infini* que le rationalisme moderne ne peut pas étancher. C'est, *stricto sensu*, une telle « réorientation » qu'opère Sarkozy dans ses discours et ses actes volontairement transgressifs.

On remarquera également l'incident qui obligea à terme une de ses principales conseillères, Emmanuelle Mignon, notamment en ces affaires de relations avec les religions, à adopter une discrétion totale, bientôt suivie d'un départ de l'équipe présidentielle. Pendant une partie d'un entretien « off » avec des journalistes qui l'interrogeaient sur les questions religieuses, mais étaient essentiellement obsédés par la « chasse aux sectes », elle avait fait remarquer qu'en France, on disposait d'un arsenal juridique suffisant pour poursuivre les dérives financières ou les manipulations effectuées par les sectes. On lui fit dire « que les sectes ne constituaient pas un problème ». Ce qui, ajouté aux insinuations diverses sur les prétendues relations du président avec une vedette adepte de la scientologie, ne manqua pas d'attirer sur elle les foudres les plus malhonnêtes de la bien-pensance laïque.

En dehors du procédé peu déontologique, l'affaire témoigne du remarquable aveuglement d'une partie de l'intelligentsia. Incapable de voir que le temps du combat entre les « tala[1] » et les laïcards est passé, que le développement des diverses communautés accusées d'être sectaires ne tient pas à leur pouvoir manipulateur, mais bien à une recherche éperdue que font nombre de personnes de communautés accueillantes et d'un investissement spirituel qui dépasse la rigidité monothéiste et individualiste. En ce sens, l'expression de la conseillère rendait bien compte du fond de la pensée présidentielle : plus important est de permettre à tout un chacun une expression spirituelle libre et pluraliste que de protéger les personnes contre des dangers largement imaginaires.

Dans une remarque incisive, et comme toujours chez lui prémonitoire, Heidegger rappelle

1. Qui peut se souvenir de cette expression datant d'ailleurs de la même époque que la loi de 1905 et qui opposait, dans l'élite bourgeoise et intellectuelle, les jeunes gens « qui von*t à la* messe » aux laïcards ?

qu'après la dominante « protestanto-saxonne », le christianisme risque de retrouver son origine « romano-orientale ». Et il est certain qu'avec la rationalisation induite par la Réforme protestante, le « désenchantement du monde » prévalut tout au long de la Modernité. Le retour à l'*originel* de la petite tribu (*secte*) orientale, qui fonda le christianisme et son essaimage romain, participe d'un *réenchantement du monde*, où l'idolâtrie, réduite par le passé à la portion congrue, retrouve une indéniable vitalité. C'est bien ce qu'a humé le sorcier Sarkozy, qui, en renifleur de tendances, a fait de cette aspiration à un réenchantement le fondement de son désir de rupture.

11.

Exorcismes

Ceux qui ont eu la chance d'avoir été formés par la culture humaniste le savent : avoir de l'« humour » et être « humble » ont la même étymologie. Ce qu'exprime bien l'adage latin, *castigat ridendo mores*. Aimable attitude consistant à sourire des travers de nos contemporains sans négliger de leur donner quelques tapes sur la joue. Ce qui est fort éloigné de la mentalité de ces moralistes grognons et de méchante humeur (n'est-ce pas cela le vieillard « cacochyme » ?) qui vont aisément glisser de l'insulte à la condamnation, menaçant le président de l'enfer. De l'outrance de certains journalistes le traitant de « voyou » à celle des staliniens d'autrefois qualifiant leurs adversaires de « vipères lubriques », la différence est minime. L'esprit est le même : celui des justiciers et des inquisiteurs désignant les mauvais princes à la vindicte des masses.

Le sens commun et la droite raison, en leur harmonieuse union, ont plus de justesse en leur jugement : on peut sourire de certaines naïvetés sans pour autant y voir l'amorce d'un processus cataclysmique, menaçant jusqu'à la République. Qui plus est, en se laissant aller à une perspicacité à la fois profonde et féconde, il est possible de discerner chez le naïf (*nativus*) quelque chose de naturel, je veux dire par là en phase avec la nature des choses de l'époque qui est la nôtre. Car c'est avoir des manies de vieillard que de toujours vouloir mesurer ce qui est à « ce bon vieux temps » qui a été.

On peut d'ailleurs à juste titre s'étonner devant le concert de louanges qui entoure non pas seulement les règnes de Mitterrand ou de Chirac, mais de De Gaulle lui-même. Car la génération 68 a la mémoire courte, jusqu'à oublier les insultes et critiques qui ont fini par pousser le Général vers la sortie.

La nature de la postmodernité en gestation peut se résumer en une chose fort simple : la saturation de la figure emblématique caractéristique des temps modernes. C'est Durkheim qui élabora cette expression pour désigner le totem autour duquel, consciemment ou inconsciemment, un ensemble social va s'agréger ; dans lequel il va se reconnaître ; par et grâce auquel il exprime le caractère, c'est-à-dire *l'empreinte*, qui est la sienne. La « figure emblématique » est la cristallisation de l'esprit du temps.

Et en le repérant, on comprend l'époque. C'est ainsi que l'on peut dire, pour faire bref, que celle qui fut caractéristique des temps modernes, celle qui s'élabora à partir du XVIe siècle pour culminer au XIXe siècle, fut la *figure* de l'adulte sérieux, rationnel, producteur et reproducteur. Et l'on voit comment, tout au long de ce cycle, par le biais de l'éducation et des institutions sociales, cet adulte fut l'élément moteur du Contrat social. Ce fut lui, cause et effet de l'idéologie du Projet, qui fut le protagoniste essentiel de la grande mythologie du progrès et de l'ambiance rationaliste dans laquelle baignèrent, massivement, les diverses manifestations du vivre-ensemble.

Voilà ce qui est en train de changer. Et comme cela fut le cas en d'autres moments des histoires humaines, on voit revenir, non moins massivement, une autre figure emblématique. Celle de *l'enfant éternel.* Comme tout mythe, celui du *Puer aeternus* ne manque pas d'ancienneté. Mais cet *archaïsme* a des racines profondes qui, parfois, lui accordent une reviviscence soudaine et irrépressible. Pour le rappeler d'une manière allusive, il suffit de voir comment tout un chacun veut rester jeune, s'habiller jeune, parler jeune, se comporter jeune, pour mesurer l'ampleur d'un « jeunisme » qui n'est pas seulement un phénomène de mode passagère, mais bien une tendance de fond du cycle qui s'amorce.

C'est dans ce cadre que l'on peut s'accorder sur une constatation simple : il y a de l'enfant chez Sarkozy ! Le président de la République, chanoine du Latran dont on a entendu, un jour de visite au Vatican, le sermon, possède, parmi les privilèges attachés à ce canonicat, celui de rentrer à cheval dans la basilique en question. Voilà un aspect ludique ne pouvant que résonner dans le subconscient de cet éternel enfant. De même ne peut-il être que ravi par ce superbe jouet qu'est le nouvel avion présidentiel, qui est censé surpasser même celui du président Obama. Encore que, sur ce dernier point, certains organes de presse, parmi les plus sérieux, ont dû admettre la fausseté des rumeurs insistantes sur l'aspect somptuaire des aménagements de l'avion (baignoire, coin fumeur et autres fariboles de la même eau !).

Peu importe, cheval canonical mythique, avion de premier ordre, montres ostensives, yacht de luxe, vacances dorées, suivi d'une étape du Tour de France et échanges avec le vainqueur, à sept reprises, de l'épreuve, l'Américain Lance Armstrong (« Lui, il a été vainqueur du Tour de France et peut devenir président, alors que moi qui suis président, je ne pourrai jamais être vainqueur du Tour de France »), on pourrait multiplier la liste des amusements présidentiels, qui dessinent cette attitude enfantine.

On peut aller plus loin dans cette analyse des jeux du pouvoir ou jeux avec le pouvoir du président. La réaction presque épidermique à chaque annonce de malheur – individuel (une petite fille mordue par un chien), ou collectif (une inondation, des émeutes urbaines, un médicament qui se révèle mortel...) – est de proposer une nouvelle loi. Inflation législative disent avec juste raison les juristes et les austères conseillers de Matignon. Il n'en reste pas moins que le président veut une loi. Parfois il est devant elle comme une poule devant un couteau : perplexe, indécis. Il veut ainsi, depuis des années, « supprimer le classement à la sortie de l'ENA », mais n'ose pas supprimer les privilèges de carrière des grands corps, acceptant finalement une réforme en trompe-l'œil, toujours dans les limbes. Dans un autre domaine, celui du piratage numérique, sur l'insistance du président, une ministre de la Culture a laissé son maroquin, pour que les « télé-chargeurs pirates », escroquant de leurs droits d'auteurs quelques vedettes et de leurs bénéfices les majors, soient punis par là où ils avaient péché : on allait leur supprimer l'accès Internet. Mais les sanctions s'avèrent problématiques à mettre en œuvre.

Autre registre : dans son souci d'ordonner l'espace public, il veut interdire aux prostituées d'exercer, en inventant un délit de « racolage passif », que les juges ne savent pas qualifier, mais dont les policiers jouent de manière menaçante. Une loi inutile et perverse de plus ! Sans parler des projets de loi sans doute anticonstitutionnels, ce qui, pour un président qui a largement fait étendre les pouvoirs du Conseil constitutionnel, témoigne pour le moins d'un certain paradoxe.

Au fond, peut-être le président use-t-il des lois comme les enfants du jeu de rôle : on ferait « comme si ». Comme s'il n'y avait plus de prostituées, comme si tous les jeunes allaient acheter tranquillement les disques qu'ils peuvent obtenir gratuitement, comme s'il suffisait de dire aux voyous qu'ils sont indésirables pour qu'ils s'assagissent. Le « comme si » n'est jamais une plaisanterie, il n'est pas non plus de l'ordre du théâtre : il est un rêve éveillé, un instant de vérité, il a une réalité… le temps du jeu. Et au fond, les Français veulent-ils vraiment qu'on déclare apatrides tous les sales gamins qui auront levé la main sur les policiers, ou veulent-ils seulement qu'on puisse les en menacer ? Veulent-ils vraiment qu'on réglemente l'accès à Internet ou tout simplement qu'on puisse faire comme si on en était encore au bon vieux temps de la chanson française ? L'annonce, souvent outrée, sidère, et permet souvent de vider l'abcès, à peu de frais. Les discussions au Parlement permettent ensuite de perfectionner l'illusion qu'on s'attaque aux vrais problèmes. Bien sûr, on peut regretter ces outrances langagières, mais il faut aussi admettre qu'elles servent de catharsis.

Avec le psittacisme caractérisant certains médias, on peut lire chaque jour la répétition, jusqu'à plus soif, de formules mécaniques, stigmatisant le fameux côté « bling-bling » d'un président en déshérence, n'ayant plus le sens des réalités. En fait, c'est tout le contraire dont il s'agit. Figure quelque peu disruptive, il est le trublion semant la panique dans les salles de rédaction et divers clubs feutrés, par ses saillies, ses sorties, ses paroles et ses attitudes déviantes. Il est le perturbateur par excellence, dans le politiquement correct ambiant. Mais tout cela est, en réalité, bien maîtrisé. J'ai dit trublion. J'aurais pu dire aussi ludion : petite figurine montant et descendant dans un liquide selon les variations de ce dernier. En la matière il agit, pragmatiquement, en fonction des sacs et ressacs d'une opinion publique pas vraiment fâchée que l'on se moque des fâcheux (observateurs) qui prennent tout (trop) au sérieux. Cette présidence axée sur le divertissement vise en réalité à répondre aux attentes d'un hédonisme populaire, moins préoccupé d'efficacité à long terme que de réactions immédiates. Mais c'est aussi cela la politique, même si cela ne peut que déplaire aux pharisiens et aux technocrates qui sévissent autour de la présidence.

Ainsi cette belle scène à Sarkoland où le diablotin présenta autrefois à la France entière sa fiancée. Scène digne d'un conte de fées que cette « présentation » dans un cadre *ad hoc* (Disneyland), permettant de faire tous les rapprochements possibles avec les mythes d'antan. Mais il est trop facile de le traiter d'histrion, car voilà une vraie belle histoire ne manquant pas de faire rêver dans les chaumières.

Un homme de pouvoir fiancé à une princesse belle, riche et comblée de surcroît de dons divers. Il y a là tous les ingrédients possibles pour entrer dans la légende, pour faire résonner les échos enfouis de tous ces mythes ayant bercé la jeunesse de l'humanité et celle de chacun d'entre nous. Au travers de ces jeux, s'éveillent tous les fantasmes et toutes les fantasmagories qui, quoi que l'on en ait, taraudent l'inconscient collectif et participent d'un indéniable *réenchantement du monde*. En bref, ce n'est pas la simple raison raisonnante qui préside aux destinées du vivre-ensemble, mais bien l'imagination créatrice dont on n'a pas fini de mesurer les effets. Imagination mettant en scène tous les sens et les sens de tous. À propos de la mise en scène de sa vie, Lord Byron ne disait-il pas : « Seule la sensation forte nous donne conscience de nous-mêmes » ?

Il est des moments où l'on sent une certaine atmosphère, une lassitude vis-à-vis de la platitude de l'ordre établi, vis-à-vis du conformisme ambiant. Dès lors, tout perturbateur est le bienvenu. Il peut paraître étonnant puis dangereux pour les divers commentateurs de l'intelligentsia. Mais c'est pour cette raison même que le rebelle, fût-il au pouvoir, suscite la tendresse, tant il réveille en tout un chacun l'inextinguible nostalgie d'une sauvagerie, voire d'une animalité que la domestication des mœurs n'est pas parvenue à éradiquer totalement.

C'est sur ce registre-là que, avec un doigté certain, joue le maléfique Sarkozy. Il a le sens de l'opportunité et des lieux dans lesquels la mémoire collective s'enracine profondément. Cela peut sentir à plein nez le tourisme chic (les chutes du Nil en Égypte) ou la mythologie de carton-pâte (Disneyland). Peu importe, le factice est un élément de la culture populaire et, je l'ai signalé, le kitsch était un élément non négligeable de l'art du bonheur[1].

L'important est de saisir le bon moment, ce que les Grecs nommaient le *kairos*, où lieux et mémoire se conjuguent pour acquérir une connotation immémoriale : le rappel des racines

---

1. Abraham Moles, *Psychologie du kitsch. L'art du bonheur, op. cit.*

mythiques. Dans *L'Homme de cour*, ce fin observateur de la chose politique qu'était Baltasar Gracián appelle cela « le centre de l'occasion ». Un temps qui se contracte en espace. Un espace qui fait remonter dans le temps. Et c'est parce qu'il sait, avec une diabolique intuition, mobiliser tout cela que les variations des sondages, les insultes et les outrances n'auront pas de prise sur lui. Tout cela glisse comme l'eau sur les plumes du futur candidat !

Lévi-Strauss, on l'a déjà dit, a montré comment le « bricolage » est au cœur de la culture en général et de la création des mythes en particulier. À sa manière, également, le biologiste François Jacob a montré que la vie est « génial bricolage ». Un jeu sans fin entre les mutations et le milieu ; et que cela est à l'origine des explosions de solutions inédites. C'est bien ainsi que procède Sarkozy. Il s'adapte aux divers milieux dans lesquels il apparaît. Il joue des multiples mutations dans son discours, ses manières d'être, le tout en fonction de ses interlocuteurs. Quant aux solutions qu'il propose, peu importe qu'elles soient ou non suivies d'effets, voire qu'elles soient mises en œuvre.

Il suffit qu'il parle. Mais qu'il parle avec

conviction, aux journalistes le traquant dans les lieux dans lesquels il se donne en spectacle, ou au public choisi pour une émission de télévision à une heure de grande écoute. Qu'il dise une parole compassionnelle qui, l'espace d'un instant, va soigner celui auquel il s'adresse et, au-delà, à tous ceux qui collectivement vont *participer* à la « passe » magique. On sait bien (de savoir incorporé ?) que cette parole ne prêtera pas à conséquence. Mais c'est comme le loto ou l'euromillions : on ne sait jamais ! L'accent est mis sur le ludique. Et l'onirique n'est pas, loin de là, une simple escroquerie, mais l'expression d'une *utopie interstitielle* où, l'espace d'un court instant, on aura rêvé et vécu un monde meilleur. Et cela, c'est du grand art.

Un homme politique sait-il s'il joue ou s'il est sincère ? Là n'est pas la question. Il suffit qu'il soit *possédé* par ce je-ne-sais-quoi l'exhaussant au-delà de lui-même. Cela est encore plus vrai dans le système politique français, depuis de Gaulle, pour le président de la République. C'est cet exhaussement, le fait de ne plus se posséder qui, comme pour tout grand acteur, le met *à l'unisson* du public.

L'acteur, dois-je le rappeler, dit un texte écrit

par un autre. Il est haut-parleur. Sa personne (*per-sonare*) amplifie ce qui lui vient d'ailleurs. Il en va de même du politique. Il ne fait que dire, à haute voix, ce qui est attendu par *le corps social*. Il est cependant de son ressort, et c'est cela son art spécifique, d'adapter, de trouver le ton qui convient. C'est ce qu'en sociologie on nomme la *syntonie* : être en phase[1]. Ce qui va induire les vibrations communes qui, plus que la simple raison, constituent la tessiture de cet ensemble vocal qu'est tout être-ensemble.

Longtemps, le président Sarkozy a su, d'une manière instinctive, trouver le ton qui convenait pour être à l'unisson. Ce qui implique – et la leçon des grands acteurs est là-dessus éclairante – de « ne pas s'écouter ». D'accepter d'être *pris* dans un élan dépassant un individu donné. Pour le dire au travers des termes de la psychologie des profondeurs, ainsi celle de C.G. Jung, passer du *soi* individuel à un *Soi* plus vaste, celui de la communauté, dont il n'est que le représentant. Le « miroir de

1. Cf. Alfred Schütz, *Le Chercheur et le Quotidien* [1986], Klincksieck, 2008, et « Faire de la musique ensemble », in *Sociétés*, n° 1.

l'inconscient collectif». Et dans ce cas, il devient, *stricto sensu*, *médium*, *medicine man* magique[1].

C'est bien ce que traduit une expression employée (curieusement ?) en politique : *état de grâce*. En théologie catholique, c'est un don surnaturel, par lequel Dieu accorde le salut. C'est un état qui vient de surcroît ; qui vient d'ailleurs. D'où son aspect magique. « Ça » marche, on ne sait pas très bien pourquoi. On le comprendra, c'est bien tout cela qui constitue l'aspect « démonique » de Sarkozy. Je l'ai dit, il est possédé, dépassé. Au-delà de lui, il exprime bien le « plus qu'un » de la communauté nationale. Inconsciemment, c'est bien ce que lui reprochent les divers imprécateurs : ils sont obsédés par lui et, de ce fait, « sentent » l'obsession qui est la sienne, cette communion mystique avec la société.

Du coup, ils n'ont de cesse, ces journalistes obsédés, de le représenter en diablotin cornu, politicien sentant le soufre, homme de mauvais goût. Bien sûr, pour eux, dignes représentants des petites Lumières, c'est une manière de personnifier le Mal absolu. Et ce, d'une manière stigmati-

1. C.G. Jung, *Rencontres et interviews*, Buchet-Chastel, 1985.

sante. Car, dans leur cerveau reptilien, celui de leur judéo-christianisme natif, seuls le Bien et le Paradis ont droit de cité, le Mal étant à reléguer dans un Enfer éternel.

Mais tout autre est le paganisme persistant dans les tréfonds de l'inconscient populaire. Dans le secret de la vie de tous les jours, le diable a sa part. Il est, également, constitutif d'autres cultures de par le monde.

Et n'oublions pas le rôle essentiel que jouait le *daimon* chez Socrate. Le *démonique* que l'on trouve dans le *Banquet* de Platon est cela même qui est mal rassasié. Ce qui est toujours en manque[1]. Le diable est donc par construction imparfait. Comme Éros, auquel il ressemble, il est toujours en attente de l'autre. Il n'existe que pour et sous le regard de l'autre. C'est l'autre qui le constitue.

En ce sens, d'ailleurs, le téléphile qu'est le président Sarkozy est également un téléphage, jamais rassasié d'occuper le petit écran, comme si ces apparitions seules lui donnaient l'impression d'exister en tant que président. Comme s'il lui

1. Cf. Pierre Boutang, *Maurras. La destinée et l'œuvre*, La Différence, 1993, p. 274.

fallait sans cesse renouveler le pacte qui l'a constitué président. Fragilité de l'individu, qu'il éprouve sans doute, et à laquelle donnent un écho tous ceux qui ont commencé à s'interroger sur son possible « empêchement », pour maladie mentale notamment, dès le lendemain de l'élection. Comme si le quinquennat était encore trop long et qu'il faille régulièrement réélire le président.

Cela ne manque pas d'être choquant dans une idéologie moderne, où l'individu était considéré comme maître de lui et de l'univers. Où il est un *plein,* enfermé en lui-même. Mais cet homme tout en failles joint les contraires : raison et sensualité, destructeur et séducteur, inquiétant et charmeur. Il est tout en coïncidences des opposés. En même temps, il est moins un instrument de l'Histoire, que l'on peut diriger, que d'un destin avec lequel il faut compter, auquel on doit s'ajuster. Vous l'avez bien compris, le méchant petit diable des caricatures de presse et *l'homme démonique* platonicien sont tout un.

On est là au cœur battant de l'hystérie qu'il suscite, du mécanisme d'attraction/répulsion dont il est le moteur. Qu'il en soit ou pas conscient (et l'on aura bien saisi que là n'est pas l'essentiel), il est le *centre de l'union.* Autre manière de dire : être à l'unisson, où tout un chacun pourra et saura se reconnaître. Il est, de ce fait, cause et effet, de coexistence sociétale, le ciment confortant l'être-ensemble. Je dis bien « ciment », cet *ethos* assurant la cohésion de l'édifice. Dans la confusion sémantique qui tend à prévaloir de nos jours, on emploie l'un pour l'autre des termes pourtant fort dissemblables en leur essence. La morale est générale, censément applicable en tous lieux et en tous temps, elle est fille de l'universalisme s'étant élaboré en Europe au XVIIIe siècle. La morale est le corrélat de la philosophie des Lumières. L'éthique, quant à elle, est particulière, spécifique d'un lieu et d'un moment donnés. C'est ainsi que l'on peut parler d'un *immoralisme éthique*. Sarkozy est de cette engeance-là.

C'est cette éthique immorale qui peut faire grincer les dents d'une élite quelque peu déphasée. Il n'en reste pas moins que le peuple, foncièrement focalisé sur les liens de proximité, ceux de sa tribu, se reconnaît parfaitement dans une telle attitude. C'est pour cela que je rappelais le lien existant, étymologiquement, entre *ethos* (éthique) et *ciment*. C'est-à-dire ce qui conforte la relation, l'interdépendance, la reliance (au double sens :

français, de ce qui me relie à l'autre et anglais, de cette confiance mutuelle que j'ai avec l'autre de ma bande, de ma tribu, de ma communauté).

Souvenons-nous, l'homme postmoderne ne vaut que par l'autre. Il est une faille dans laquelle l'autre s'engouffre. Et c'est cela qui explique la coexistence, la coappartenance, fondements de ces affinités électives propres au « tribalisme » postmoderne. Pour le dire en termes plus imagés : autant la morale se projette vers l'avenir, autant l'éthique est *présentéiste*, elle se vit « ici et maintenant ».

C'est ce présentéisme, faisant fi des convictions, se moquant du devoir être moral, mais attentif aux cas particuliers éthiques qui est le fondement du pragmatisme présidentiel. Certains esprits chagrins diront opportunisme. Pourquoi pas si l'on désigne ainsi le sens de l'opportunité ? C'est-à-dire un « sens » n'ayant que faire d'une finalité lointaine, mais un sens s'épuisant dans l'acte, dans le moment vécu ; avec l'aspect émotionnel voire compassionnel que cela ne manque pas d'avoir.

Homme démonique, le président Sarkozy exprime en majeur ce que tout un chacun sait dans l'intimité de la vie de tous les jours : la force, l'élan vital fait de l'homme ce qu'il veut, alors que ce dernier croit suivre ses propres inclinations. Tout un chacun, dans la doxa moderne, se croit maître de lui, alors qu'il n'est qu'un fétu de paille emporté par le tourbillon de la vie. C'est l'autre qui me crée. Je n'existe que par et sous le regard de l'autre. Sarkozy a bien retenu la leçon, qui va et vient sur la vaste scène du *theatrum mundi*, sur laquelle il est un acteur hors pair même si l'impact de ses dernières prestations a été décevant (de son point de vue). D'où une économie nouvelle dans ses apparitions et une présence plus intermittente sur la scène.

C'est bien parce qu'il sait tenir des rôles divers que je le qualifierai de *Dionysos redivivus*. Il fait, en effet, revivre cette antique figure qui, toujours et à nouveau, renaît de ses cendres. Dionysos postmoderne grâce à son caractère ludique, exerçant, explicitement ou de manière diffuse, une indéniable séduction. Il est ce fripon divin faisant tourner en bourrique les sectateurs d'Apollon et de Prométhée réunis. Il est, de par sa position, l'archétype de ce qui se vit, encore, dans les stéréotypes quotidiens. Et c'est pour cela qu'il peut attirer à lui les masses.

Le propre du ludique est d'assurer le rôle de l'enfant éternel, allant tantôt dans un sens, tantôt dans le sens contraire. Ne se fixant jamais, il n'est satisfait de rien. S'abandonnant à ses impulsions, il y a quelque chose de goulu en lui. Pour les Grecs, tel Éros, l'amour ailé, faisant confiance à son destin, il était friand de futilités on ne peut plus voyantes[1].

Dans le balancement des histoires humaines, la figure de Dionysos, bruyant, agité, jouissif, remplace celle du sage Prométhée. Le cortège des bacchantes cède la place aux hystériques supporters des équipes de football, aux fanatiques religieux, aux excités des meetings politiques, ou aux divers dévots des concerts techno ou « gothiques ». Peu importe la forme, l'essentiel est l'effervescence qui, à certains moments, travaille le corps social. Le fait que ces mots quelque peu savants, ludique, festif, deviennent populaires est instructif du changement de paradigme en cours. Il n'y a, dès lors, pas lieu de s'étonner que le (re)nouveau d'une telle atmosphère mentale se cristallise dans la figure présidentielle.

Certains de ses opposants parlent, avec condescendance voire avec mépris, de « l'épileptique de

1. Cf. Pierre Hadot, *N'oublie pas de vivre*, Albin Michel, 2008, p. 287.

l'Élysée ». Arrogance bien peu attentive à ce qui constitue l'esprit du temps. On peut, et c'est tout à fait légitime, préférer l'ambiance feutrée de l'Opéra aux effervescences festives des « apéros géants » ou des « rave parties ». Il n'en reste pas moins que c'est plutôt vers ces derniers que se tournent les jeunes générations, ou qu'en tout cas, aimer l'opéra ne les éloigne pas des rassemblements de leur âge. Et par là se redit ce qui, au travers des âges, reste un souci essentiel : « *the great object of life is sensation to feel that we exist...* » Et Lord Byron ajoute que l'agitation est, toujours, inséparable d'une telle sensation.

Il s'agit là d'une constante anthropologique qui, parfois, est vécue en mineur ou marginalisée. À d'autres moments, elle constitue l'essentiel de la vie sociale ; et dès lors, elle a besoin de représentants typiques pour lesquels l'agitation est la manière d'être principale. C'est en ayant à l'esprit un tel paradigme qu'au-delà de nos préférences doctrinales, morales ou même, tout simplement, esthétiques, on est bien obligé de reconnaître que le locataire de l'Élysée est un bon thermomètre, mesurant avec justesse la température du moment.

Le problème est que la société française est

encalminée. Gravement. C'est cela que, faute de mieux, on va appeler *crise*. Mot passe-partout, désignant, en creux, notre incapacité à saisir, à accepter, à apprécier la saturation d'une manière d'être caractéristique de la modernité. C'est-à-dire la période marquée par ces grands récits qui arrivent à saturation : la race, le prolétariat, le marché.

Ne pourrait-on pas dire qu'après les délires du combat pour la pureté de la race et celui pour l'instauration d'un État prolétarien, c'est le marché qui est en train de battre de l'aile ? Et osera-t-on dire que le ludique, comme ce fut le cas en d'autres époques de (Re)naissance, retrouve une vitalité insoupçonnée ?

C'est le retour du jeu qui est en question dans les pratiques, plus ou moins perverses, de tous ces traders et autres grands enfants banquiers fonctionnant à l'adrénaline. Les salles des marchés ne ressemblent-elles pas à des ruches vibrionnantes où l'agitation est la caractéristique majeure[1] ? Quoi qu'en pensent les *sérieux* écono-

1. Cf. une analyse proche de celle de Christophe Gaudin, *Le Mythe de la finance. Essai sur l'extase de la valeur*, L'Harmattan, 2010.

mistes, défendant, et c'est légitime, leur fonds de commerce, il y a longtemps que pour les esprits un peu lucides, les prédictions économiques valent celles de l'astrologie. Dans les deux cas, un aimable jeu de société.

De même, le ludique ambiant ne manque pas de contaminer le politique. Et c'est véritablement cela dont Sarkozy est le nom. Contre l'homme rationnel, cause et effet du contrat économique, contre l'homme moral, vecteur du contrat social, il est le prototype de cet *homo ludens* voire dc cet *homo demens* qui, à certaines époques, ont été les pivots autour desquels s'articulait le vivre-ensemble. Même si, pour certains, il peut paraître un clown triste, nombre de ses actions sont d'essence comique. Le comique, qui selon Bergson, dans son ouvrage classique[1], est tout simplement l'expression d'une révolte contre la raison de certains ; rébellion de la vie contre l'aspect mécanique des pensées et des actions institutionnelles ou administratives. Dans une telle perspective, on peut penser que les *pistons* et passe-droits qu'on lui reproche suggèrent, pour

1. Henri Bergson, *Œuvres complètes*, PUF, 1970, p. 385-485.

lui qui n'en fait pas partie, un espiègle pied de nez à l'*énarchie* dominante, et à la reproduction des élites dans nos fameuses Grandes Écoles. Certaines nominations (celle d'un ancien policier comme préfet d'une des zones de non-droit du nord de Paris, celle d'une ex-ministre d'origine sénégalaise comme ambassadeur...) vont dans ce sens.

Le comique est révolte et rébellion contre cette Vérité Unique, dont les chevaliers à la longue figure font des gorges chaudes, et qui, ensuite, toujours selon Bergson, va se déposer « dans les cartons administratifs de la société ». C'est ce comique sarkozien qui fonde son relativisme absolu, son pragmatisme, cette absence de conviction permettant une efficace désinvolture. Se purger des convictions est cela même qui, pour les sagesses orientales, peut conduire au laisser-être fondamental. D'une manière intuitive, Sarkozy entre, de plain-pied, dans cette absence de convictions favorisant, sans coup férir, un indéniable laisser-vivre.

Que ce soit lors des jeux Olympiques en Chine, où, oubliant le débat sur le Tibet, il se contente de trouver « très belle » la cérémonie d'ouverture, ou lors de la réception protocolaire à la Cour d'Angleterre, pendant laquelle il va faire en sorte que tout se focalise sur le look de Carla, on voit bien que la politique est comprise comme un jeu ; qu'il joue à faire de la politique. En toute situation, Sarkozy « joue », d'une manière forcenée, au président. Et, pour qui sait décrypter les apparences, on comprend ce qui est en jeu : une focalisation sur l'esthétique correspondant bien à l'esthétisation généralisée de l'existence.

Il convient d'entendre ce terme en son sens premier, celui d'éprouver ensemble des émotions, de partager des passions. Et de fait, c'est bien une ambiance *émotionnelle* qui est la marque essentielle du changement climatique en cours, celui de l'esprit du temps. Il ne sert à rien de continuer à penser en termes rationnels quand l'opinion publique attend de l'émotion. Il est inutile de programmer à long terme quand elle est préoccupée du présent.

Voilà ce que le président de la République a, sinon compris (car ce n'est pas une affaire d'intellect), du moins pressenti. L'important étant, pour reprendre une expression familière, de *s'éclater*. Ce qui ne manque pas d'être instructif, car cela signifie bien que l'on n'existe qu'en fonction de l'autre. Pour reprendre la thématique des « deux corps du roi », en offrant son corps naturel et, accessoirement, celui de sa femme, il conforte le corps politique, c'est-à-dire, pour être simple, l'électorat. En la matière, son génie consiste à répondre à une attente collective : c'est dans le look, dans le creux des apparences, qu'à certaines époques, la société s'exprime et se reconnaît.

Or sur ce plan, notre président est « tendance ». Et il le prouve. L'opinion l'a vu en action. Sa devise, à peine cachée, *Carpe diem*, vivre au présent, et une partie de son action, *Panem et circenses* (du pain et du cirque) en témoignent. Rien de bien nouveau là, d'ailleurs. La Renaissance – « cueillir aujourd'hui les roses de la vie » – a fondé sa culture là-dessus. Et, plus près de nous, la « Vienne fin de siècle », véritable laboratoire de la postmodernité, a célébré les mêmes valeurs. On peut ainsi considérer qu'à côté d'autres dirigeants du même type, Obama, Berlusconi, Chavez, ou Lula, agitant, secouant la bien-pensance politique, Sarkozy est l'un de ces « chevaliers de l'Apocalypse » : il *révèle*, il fait ressortir ce qui *est là*. Il y a de l'extase dans l'air du temps. Tout ce qui la favorise est bienvenu : l'effervescence collective, le jeu des apparences, les caricatures ludiques, les mises en scène festives et bien d'autres éléments vont dans ce sens. En jouant sur ce registre, le diabolique président, au-delà de ponctuels désamours, n'a sans doute pas perdu toutes ses chances d'être réélu, loin de là.

Voilà qui peut paraître paradoxal. Car, il faut bien le dire avec une rare constance et d'une façon péremptoire depuis la crise sociale de l'automne dernier, on le déclare au plus bas dans les sondages. Mieux : en voie d'être enterré vivant, voire sommé de démissionner. Mais les sondages sont imparfaits, ils se sont régulièrement trompés. Peu importe, enfermés dans leurs combats, aveuglés par leurs passions, haineux, les bien-pensants ne peuvent juger qu'en termes tranchés, le bien s'opposant au mal, le Paradis étant alternatif à l'Enfer, tout comme le blanc rejette le noir. On peut, dès lors, comprendre qu'ils ne saisissent rien à l'oxymore politique présidentiel, unissant, en un mixte fécond, ces contraires qui sont le lot de l'espèce humaine. Sarkozy, Dionysos postmoderne, lui, a bien saisi cela.

Certes, parfois, il continue à utiliser un vocabulaire prométhéen : « travailler plus » par exemple. Mais au-delà de tels *lapsi*, tout, dans ses discours, dans le non-dit de ses actions et dans ses attitudes existentielles, traduit que ce qui est important, au-delà ou en deçà du travail, est la création nietzschéenne : faire de sa vie une œuvre d'art. Le rictus voltairien n'en pourra mais. Le *main stream* ludique est inéluctable. L'enfant-sorcier Sarkozy, postmoderne sans le savoir, contribue à son déferlement.

12.

Les tribus présidentielles*

Ambivalents

Ils ne fréquentent pas les soirées people ni les conseils d'administration du Cac 40. Même s'ils n'imaginent pas habiter ailleurs que dans la banlieue cossue d'une ville de province ou de l'Ouest parisien.

Ils sont catholiques pratiquants, parfois même très pratiquants et l'on retrouve chez eux toutes les caractéristiques d'une haute moralité : leurs enfants se marient, fréquentent les écoles libres ou les très bons lycées. Fréquemment, leur femme a sacrifié sa carrière à l'éducation des enfants, ils disposent d'un bon patrimoine, souvent pour

* Avec l'aide du regard aigu d'Hélène Strohl (cf. son livre *L'État social ne fonctionne plus*, Albin Michel, 2008).

partie hérité et largement enrichi grâce à une saine gestion.

Ils sont cadres de l'industrie, de la banque ou des assurances, parfois médecins ou avocats, plus rarement enseignants ou hauts fonctionnaires.

Cette élection-là (en 2007) les a soulagés : ils échappaient au pire, le règne d'une femme, de gauche, un peu émotive, traîtresse à sa classe, une femme incompétente, une créature dangereuse, qui risquait de mettre le pays en faillite (Ségolène, bien sûr).

Et puis tout de suite, la déception : ils disent qu'ils n'ont pas aimé la soirée au Fouquet's, que cela faisait trop étalage d'argent. On se demande si ne les a pas surtout gênés la valse-hésitation de Cécilia, la faiblesse d'un président prêt à tout pour récupérer sa femme. Ils n'ont d'ailleurs pas été véritablement séduits par la mise en scène de l'harmonie familiale retrouvée, ces jeunes gens aux cheveux un peu trop longs, ces jeunes filles aux formes un peu trop mises en valeur, ce président trop préoccupé des réactions de sa femme. D'ailleurs, à son âge, est-ce bien raisonnable d'avoir une femme qui dégage une telle séduction ? Ne devrait-elle pas avoir abandonné ces accoutrements un peu trop sexy, ces maquillages trop marqués, cette cambrure trop provocante ?

Le yacht ne les a pas emballés non plus, eux qui ont l'habitude des villas familiales à La Baule ou à Cavalaire. Et d'ailleurs, ils l'avaient prévu, ces vacances ont été gâchées par les scènes vaudevillesques du couple présidentiel.

La suite de l'histoire n'a pas démenti leurs craintes : le divorce, le mariage qui s'est immédiatement ensuivi et tout le bruit fait autour du « bling-bling » ambiant. Non, ils ne font pas partie de ces cinquantenaires qui n'imaginent pas la vie sans Rolex : soit ils ont une discrète montre, très plate pour eux, bijou pour elles, soit ils adoptent le style marin sportif : chemise Lacoste, montre de plongée, mocassins bateau et bien sûr bermudas ou jupes-culottes. Les signes extérieurs de richesse n'ont pas besoin de s'exhiber, on a déjà assez de mal à tenter de réduire, le plus possible, son ISF !

Le discours du Latran, l'espoir de voir enfin remise en question cette fâcheuse loi de 1905, la critique sévère de l'arrogance des intellectuels qui préfèrent l'étude de *La Princesse de Clèves* à celle de la gestion, tout cela les aurait réconciliés avec le président.

S'il ne prenait pas tant de plaisir à parler peuple, à estomper les distances, à abolir totalement le ton paternaliste qui est pourtant de mise quand on parle à ces gens. N'est-il pas un peu mal élevé ? Et peut-on véritablement faire confiance à un homme qui manifeste autant de plaisir à être président, à être riche, à remplacer sa belle femme par une autre, plus belle encore ?

Ne vaudrait-il pas mieux Villepin, même si ses foucades de poète n'inspirent pas toujours confiance ? Ou alors Bayrou, qui a tenté d'aider l'enseignement catholique ?

Non, vraiment, tout serait mieux que cet homme-là.

Tout ? Non pas vraiment, car ils savent aussi où est leur intérêt.

Sarkophobe

De l'époque 68, cet électeur avait conservé une saine défiance envers tous les politiques. Séduit par les écrits de Raoul Vaneigem et de Guy Debord, il avait adhéré au slogan anarchiste : « Élections, pièges à cons. »

Et pourtant, pour la première fois de sa vie, il va peut-être voter, en tout cas, il s'y intéresse, il n'omet aucune occasion de le critiquer, de souhaiter son changement, il est devenu sarkophobe.

Non pas hystériquement sarkophobe, ni même politiquement, mais viscéralement, comme si le président avait cassé toutes ses illusions, détruit toutes ses croyances.

Et en effet, ce « nabot » (il participe sans le savoir de la microphobie staturopondérale), ce clown, ce bouffon n'a-t-il pas cédé à Berlusconi en acceptant d'extrader Battisti ? N'a-t-il pas effectué sa première sortie amoureuse à Disneyland, ce parc pour beaufs américanophiles ? N'estropie-t-il pas sans cesse et à dessein la langue, comme si les Français étaient tous des illettrés ?

Et puis, ne signe-t-il pas la fin définitive de la critique de la société de consommation, ce président qui est perdu sans ses Rolex et ses Ray Ban ?

Il est insupportable ce type qui signe ainsi la fin d'une époque, celle où il était si confortable d'être rebelle, critique, marginal. Celle où les pistes n'étaient pas brouillées, où la réussite signait le conformisme, où les artistes ne pouvaient être que maudits, les intellectuels contestataires, les adolescents rebelles.

Elle était belle et simple cette époque-là. L'austérité rimait avec la rigueur, refuser de consommer signifiait appartenir à une élite de qualité, brocarder la célébrité témoignait de profondeur et, pour nos jeunes contestataires, se glisser subrepticement dans les habits bourgeoisement discrets et parfois protestants de leurs parents permettait de ne même pas avoir à se renier.

Oui, on peut en vouloir à cet être malfaisant qui montre, sans vergogne, qu'il vaut mieux être riche, en bonne santé et gagnant que pauvre, malade et looser. Il est insupportable cet acteur qui utilise toutes les ficelles de la politique spectacle et nous l'administre avec tant de jubilation.

Oui, ce président nous fait honte, comme nous fait honte le monde tel qu'il va, qui n'a plus aucune considération pour le sérieux, la rigueur, l'honnêteté, qui n'accorde même plus de considération au marginal.

Non, le spectacle ne doit pas faire rire, il est interdit de travestir à tel point la réalité, cette dérision est atroce.

Non, on n'a pas le droit de jouer, de jouir de jouer à ce point.

Sarkocraintif

Celui-ci ne fait pas partie de ces hauts fonctionnaires qui ont construit leur carrière et leur réussite sur leurs calculs et leurs engagements politiques.

Au contraire, pour ce communiste d'autrefois, maintenant gauchonostalgique, l'honnêteté de ses convictions l'a plutôt desservi, quand ses supérieurs ne comprenaient pas combien il était avant tout un fonctionnaire loyal et dévoué.

Cette absence d'ambition personnelle, cette honnêteté ne sauraient pourtant être considérées comme un désengagement. Il a toujours, chevillés au corps, les principes du Conseil national de la Résistance et nul plus que lui ne défendra la grandeur de l'État.

C'est pourquoi il s'investit. Il travaille d'autant plus qu'il est dubitatif quant aux ordres donnés. Dégraisser l'État, il le voudrait bien si c'est pour réorienter son action vers des besoins plus pressants, mais est-ce bien raisonnable de réduire le projet à quelques diapos de PowerPoint ? Moins de fonctionnaires, pourquoi pas ? Mais est-il intelligent de tailler à l'aveuglette pour satisfaire un pourcentage annoncé ?

Les tentatives de rationalisation budgétaire ou maintenant de révision générale des politiques publiques doivent-elles obligatoirement avoir pour conclusion le remplacement de directeurs qui n'ont pas démérité par quelques nouveaux protégés du pouvoir ?

Ce ne sont pas les objectifs politiques du gouvernement qui le gênent. Après tout, comme haut fonctionnaire de gauche, bien plus à gauche que ne l'ont jamais été les gouvernements socialistes, comme militant communiste antistalinien, bien plus que ne l'ont jamais été ses ennemis trotskistes, il a pris l'habitude d'une loyauté sans flagornerie. Il sait, depuis toujours, tirer parti pour les autres, pour ceux qu'il défend, pour ceux dont il est réellement et affectivement proche, du jeu institutionnel et des constructions de l'appareil public.

Mais que faire maintenant, quand il n'y a plus d'ordres auxquels obéir ni de désordres à contester ?

Que faire quand les décideurs changent sans cesse de direction, voire ne savent plus vraiment s'ils en suivent une ?

Que faire quand, après avoir travaillé sans répit

à proposer les économies demandées, elles sont balayées par l'action de quelque lobby ?

Que faire quand le patrimoine public n'est pas vendu au privé, mais tout simplement bradé par incurie, quand la hiérarchie gouvernementale est bousculée par l'intervention de « petits conseillers de l'Élysée » ?

Que faire surtout quand le système de solidarité, rationnel et universel, est soudain usurpé par un président peu soucieux des lois, indifférent aux grands principes d'égalité, railleur des grandes institutions de la fraternité, mais si habile à endosser, le temps d'une soirée ou d'un discours, l'habit de défenseur de tout un chacun frappé par un malheur particulier ?

Que faire quand il n'y a plus d'opposition politique possible, parce qu'il n'y a plus de politique ?

Les commensaux du diable

Autre tribu : celle des vingt-cinq-quarante ans. Ils ne font plus partie de la génération « à gauche toute », même s'ils l'ont fréquentée dans les Grandes Écoles de la République.

On leur avait indiqué les chemins de l'excellence et ils les ont empruntés avec courage et abnégation. Potassant leurs livres d'histoire ou enchaînant les exercices de maths quand d'autres s'éclataient dans les fêtes ou les rave parties.

Ils sont donc arrivés, pas seulement à entrer dans les bonnes écoles, mais à en sortir majors.

Et maintenant, ils piaffent. Jeunes inspecteurs des Finances ou auditeurs au Conseil d'État, parfois « simples » normaliens agrégés, au terme d'une sélection féroce, on ne leur demande plus aucune prouesse. On leur offre la routine des recherches jurisprudentielles, ou de la révision des comptes dans de lointaines provinces comme seule alternative à l'enseignement de la philosophie à quelques postulants au baccalauréat de mécanicien.

Un monde soudain sans exigences ni égards.

Pourtant, ils ont rêvé de ces parlementaires grands lettrés, de ces immenses ambassadeurs qu'ont été Saint-John Perse et Claudel, de ces grands commis de l'État que furent Jean Monnet, Paul Delouvrier ou Pierre Laroque. Et ils se retrouvent face à quelques bureaucrates soucieux avant tout de postes et de places.

Bien sûr, ils pourraient faire comme beaucoup, programmer avec soin le passage du grand corps au cabinet ministériel, puis la direction publique et enfin le poste privé : honneur, argent et au bout une rosette rouge et un patrimoine à léguer à ses enfants.

Mais cela les ennuie, ils songent à tout quitter, à entamer une carrière théologique ou théâtrale, à faire le tour du monde à la voile ou à rejoindre quelque communauté caritative. Ou bien ils partiront ailleurs, à Londres où l'on s'amuse plus, en Asie où tout bouge, en Amérique latine pour profiter de cette belle énergie, tout plutôt que la morosité française !

Tel un diable surgi de sa boîte, un chef s'est présenté à eux, ils le suivent, ils lui sacrifient peut-être leur carrière, en tout cas les certitudes raisonnables, peut-être toutes les valeurs qu'on leur a inculquées dans leurs belles écoles, en tout cas bien des principes appris.

Ils ne remettent jamais en cause les décisions les plus absurdes ; l'argument de réalisme n'a jamais prise sur eux. Le président dit et ils font.

Ce n'est plus du respect filial, ni de l'admiration raisonnée. Ce n'est sûrement pas de l'ambition programmée ni une passion fondée.

Non, c'est tout simplement la fascination de l'excellent élève pour le cancre, l'affection indéfectible du gentil pour le voyou, la découverte enfin d'un autre monde. Possible, rêvé, réel.

C'est d'eux que va dépendre le sort (électoral) du président. De ces tribus, de leur engagement, de leur indifférence, de leur rage va surgir, un certain dimanche, une inclination du pays. Ce jour-là, on pourra mettre un point final à ces « Sarkologies » surgies plus d'un demi-siècle après les fameuses *Mythologies* du (très) regretté Roland Barthes.

Table

DU MÊME AUTEUR

Logique de la domination, PUF, Paris, 1976.

La Violence totalitaire (1979), 3e édition, CNRS, Paris, 2008.

La Conquête du présent. Sociologie de la vie quotidienne (1979), 3e édition, CNRS, Paris, 2008.

L'Ombre de Dionysos. Contribution à une sociologie de l'orgie (1982), Le Livre de Poche, Paris, 1991.

Essais sur la violence banale et fondatrice, Méridiens Klincksieck, Paris, 1984.

La Connaissance ordinaire. Précis de sociologie compréhensive (1985), Klincksieck, Paris, 2007.

Le Temps des tribus. Le déclin de l'individualisme dans les sociétés de masse (1988), La Table Ronde, Paris, 2000.

Au creux des apparences. Pour une éthique de l'esthétique (1990), La Table Ronde, Paris, 2007.

La Transfiguration du politique (1992), La Table Ronde, Paris, 2003.

La Contemplation du monde (1993), Le Livre de Poche, Paris, 1996.

Éloge de la raison sensible, Grasset, Paris, 1996.

Du nomadisme. Vagabondages initiatiques (1997), La Table Ronde, Paris, 2006.

Le Mystère de la conjonction, Fata Morgana, Paris, 1997.

L'Instant éternel, La Table Ronde, Paris, 2003.

La Part du Diable (2002), Champs-Flammarion, Paris, 2004.

Notes sur la postmodernité, Félin, Paris, 2003.

Le Voyage ou la Conquête des mondes, Dervy, Paris, 2003.

Le Rythme de la vie, La Table Ronde, Paris, 2004.

Le Réenchantement du monde, La Table Ronde, Paris, 2007.

Iconologies. Nos idol@tries postmodernes, Albin Michel, Paris, 2008.

Le temps revient. Formes élémentaires de la post-modernité, Desclée de Brouwer, Paris, 2010.

La République des bons sentiments, Desclée de Brouwer, 2010.

La Passion de l'ordinaire, CNRS Éditions, 2011.

La crise est dans nos têtes, Éditions Jacob-Duvernet, 2011.

Composition IGS-CP
Impression : Imprimerie Floch, avril 2011
Éditions Albin Michel
22, rue Huyghens, 75014 Paris
www.albin-michel.fr
ISBN : 978-2-226-22092-9
N° d'édition : 19488/01 – N° d'impression : 79349
Dépôt légal : mai 2010
Imprimé en France